MADE IN GALIZA

l i t e r a r i a

1ª edición, 1ª impresión, 2007
1ª edición, 13ª impresión 2019

Avenida de Madrid, 44, baixo - 36204 Vigo
www.editorialgalaxia.gal

ISBN: 978-84-7154-091-1
Dep. Legal: VG 340-2011

Ilustración da capa
Fotografía de Pancho Lapeña

Maqueta da colección e
deseño da cuberta
MANUEL JANEIRO

O papel utilizado neste exemplar é reciclable,
libre de cloro e obtido dunha xestión forestal sustentable.

Séchu Sende

MADE IN GALIZA

EDITORIAL GALAXIA

"Quen sabe falar nunca é pobre".

Proverbio africano

FALAR

Teño un ano e poucos días e cando escoito Clara presto atención.

Escoito as persoas que viven nesta casa e aprendo cousas todos os días. Mamá ten outro nome que é Laura e cando mamá chama por Tomás sei que ese é papá. De vez en cando veñen outras persoas á casa, e as que teñen enrugas nos ollos e sempre están rindo son avó e avoa. Tamén está Rula, que é pequeniña e vive dentro dunha gaiola.

Sei que estou nunha idade complicada porque o día menos pensado teño que comezar a falar, que é algo que non se fai todos os días. Falar facilita moito as cousas. Cando saiba falar por fin van saber que se choro de noite non sempre é porque teña sede ou me doia a barriga, porque ás veces soño cousas que non entendo. As cousas que non entendo son moitas aínda que hai unha que me preocupa especialmente.

Nesta casa falan dunha forma moi estraña. A mamá, a papá e aos avós cando están comendo, por exemplo, escóitolles palabras como Sopa, Pásame o pan, Un pouco de sal ou Biscoito. Eu poño o oído e escoito e vou aprendendo.

Rula é unha persoa diferente, fala dunha maneira que se chama cantar ou asubiar, que llo escoito a mamá: Que ben canta Rula, ou Asubía un pouquiño, Ruliña. Antes cando estaba soa ás veces intentaba falar como Rula, pero nunca sabía o que quería dicir. Como Rula só sei dicir ffffi ou ffffu.

Aínda que ese non é o problema, porque realmente ninguén fala como Rula nesta casa. Mamá dille de cando en vez cousas lindas: A ver, bonitiña, aquí che traio alpiste; mais dillo como fala mamá, sen ruídos raros.

O problema é que de escoitar falar a mamá, papá e os avós eu xa sei polo menos cen palabras como Peido, Pis, A nena ten fame, Xa é de noite, Esta nena é moi tranquila e moi lista, Vai chover e cousas así. Eu escoito e gardo esas palabras para min e repítoas por dentro. Hai moitas palabras que escoito que aínda non comprendo como Quilómetro, Enciclopedia ou Empanada de xoubas.

O problema que teño é que, por exemplo, mamá cando fala de min con papá di A nena está esperta e de repente ven onda min e dime: Ay, mi niña, que ya despertó, ya despertastes, Clara? E eu sei que Clara son eu, mais aínda non sei por que me chama Mi niña se eu son A súa nena. Papá fai o mesmo, está falando coa avoa e di A nena debe de ter fame e vén e dime Clara, cosita, tienes hambre? E eu abro moito os ollos, intentando comprender que pasa aquí.

É unha situación estraña que se repite continuamente. Entre eles non, mais comigo cambian de forma de falar.

E agora estou nun dilema porque penso que están esperando a que eu me poña a falar un día destes. Eu xa sei dicir Ma-má en segredo. Dígoo cando estou soa porque quero practicar e teño medo de que cando o vaia dicir por primeira vez me saia mal. Mais o meu dilema é que non sei se botar a falar como falan meus pais cando falan entre eles e con meus avós ou se poñerme a falar desa outra maneira en que me falan a min.

Rula polo menos sempre fala igual.

Eu é que a meus pais non os acabo de entender. De momento vou esperar un pouco, a ver se se aclaran. Aínda que, se non queren que fale coma eles, as súas razóns terán. Digo eu...

CURTAMETRAXE

1

No pexegueiro do fondo da horta saíron algúns pexegos abertos. Abríronse coa xeada e a pedra rompera.

—Ninguén vai querer estes pexegos —dixo a nai de Iria—. Mira, vese por dentro da pedra.

—Pois a min gústanme —dixo ela—; saíron moi ricos.

—Umm, non sei...

Iria apañou un cesto daqueles pexegos e levounos ao seu cuarto e mordeu un e colleu un libro e púxose a ler. Unha hora despois baixou a axudar a cargar a froita na camioneta e despois mirou como se afastaba o ruído do motor, pouco a pouco, polo val, e sorriu.

2

Marcos chegou á casa canso. Quitou os zapatos e a chaqueta gris. Colleu un pexego e deitouse no sofá e puxo a televisión.

Mordeuno e aquilo pareceulle o mellor do día. Entón viuno, Que raro, pensou, o pexego estaba aberto.

Podíase ver a pedra e dentro da pedra había algo branco. Un papel pequeniño. Sacouno do óso do pexego e desdobrouno e púxose a ler.

3

Lucía estaba conducindo, ía calor, coa xanela aberta. Ía á casa de súa nai, que facía os sesenta. Mercáralle un libro de poesía e leváballe un quilo de pexegos do país, deses que saben a pexego pexego.

Levou a man á bolsa e colleu un. Cando acabou de comelo abriu o cinceiro do coche para deixalo alí. Entón de esguello viu algo dentro do óso, que estaba partido. Parou o coche nun prado e sacou o papeliño do interior da pedra. Había algo escrito.

4

—Ola —dixo Lucía.

—Ola —dixo Marcos.

—Non sabía se vir... E ao final... Tiña un paraguas vermello na casa e...

—Non sei que dicir... Eu acabo de mercar este...

—Atopei este papeliño dentro dun pexego...

—Eu tamén... Que di o teu?

—"Se vas á estación de autobuses o vindeiro día 26 ás oito da tarde cun paraguas vermello, coñecerás alguén interesante". E o teu?

—O mesmo.

—...

—E non fuches ti, claro...

—O-ó... Os pexegos merqueinos nun súper en Marinho.

—Eu aquí, nunha froitería.

—Que raro, non?

—Ahá...

—E agora?

—Non sei. Tomamos un café?

—Vale.

—Espera. E se vén alguén máis cun paraguas vermello?

—Umm..., se queres podemos esperar un pouco...

—Ti cres?

—Non sei, e ti?

—Eu creo que prefiro ir tomar un café...

—Eu tamén.

—Pois veña.

—Por certo, eu son Lucía...

—Encantado, Lucía; eu, Marcos, un bico...

—Encantada.

—Vaia, púxose a chover! Quen o diría, en pleno verán.

—Vaia, pois o meu paraugas está roto. Ten dúas varillas partidas.

—Deixa que xa abro eu o meu.

—Que sorte, non?

—Por que?

—Non, nada, polo do paraugas, a chuvia e todo iso, que coincidencia...

—Ahá.

—Uf, está diluviando...

—Se queres collerme do brazo...

—Si, vai ser mellor... Por certo, que tal estaba o teu pexego?

—Riquísimo, e o teu?

—Ummm...

NA OFICINA DE OBXECTOS PERDIDOS

—Ola.

—Hola.

—Dígame...

—Mire, no sé si me pueden ayudar. Yo es que perdí una cosa y quería saber si la puedo recuperar.

—Moi ben, para iso estamos, e que perdeu?

—Yo es que perdí mi lengua.

—Ahá..., pois a ver, dígame, e como era?

—Pues mire, muy parecida a la suya.

—Ah, xa, é que aquí temos moitas así... De feito case todas as linguas perdidas que temos aquí son así. Se me puidese dar máis datos...

—...

—Cando a perdeu?

—Uff, no me acuerdo bien... Pienso que hace unos diez o once años, sí, once años, en verano, debía de ser agosto...

—Ahá, agosto... E sabería onde, onde a perdeu?

—Umm... En una discoteca, fue en una discoteca, el día que conocí a mi mujer...

—E en que cidade?

—Aquí, aquí mismo.

—E non lembrará o nome da discoteca?

—La discoteca se llamaba, se llamaba..., sí,... Coyote!, la discoteca se llamaba Coyote.

—Ahá, a ver, a ver que miro na base de datos... Ahá!

—Está?

—A ver, a ver, aquí temos..., si, temos dez linguas que poderían ser... A ver... Necesitaría algún dato máis... Non sei, algo que poida identificala mellor... Podería describila?, algunha característica especial...?

—Pues no le sé, es que casi ni me acuerdo...

—A ver, aquí temos unha lingua con seseo implosivo.

—Perdón?

—Recorda se vostede dicía lus ou felís, así, con ese.

—Umm, pienso que sí, sí, sí!, como mi madre, sabe, es que yo soy de la zona de Malpica...

—Pois xa está, debe de ser esta.

—Ahá.

—Se agarda un momentiño, vou por ela ao almacén.

—...

—Aquí a ten, a ver, recoñécea?

—Oh, a ver, si, si, ola, ola, probando, probando, si, é a miña lingua, a ver, lus, felís, eu, eu, un, dous, tres, ouh, que alegría! Sabe, pensei que a perdera para sempre. Eu é que non sabía que tiñan aquí esta oficina e cando mo dixeron... Hoxe mesmo lle digo á miña muller que veña ver se atopa a súa, sabe, ela tamén a perdeu hai anos, e agora, agora, en fin..., é que imos ter unha nena e..., xa sabe, queriamos que falase...

—Si, xa sei, por iso abriu esta oficina, sabe, non pode imaxinar a de linguas que temos aquí.

—Moitas?

—Puff!

—Pois...

—Pois, nada, home, alegría.

—Pois estoulle moi agradecido.

—Nada, home, nada...

—Pois xa me dirá canto é...

—Como?

—Teño que pagar algo?

—Non, home, non... Isto non ten prezo... A lingua é súa... Iso si, teña coidado de non perdela outra vez, vale?

—Oquei, oquei, uff.

—E se coñece alguén que queira recuperar a lingua, alguén que a perdese, pois dígalle que veña por aquí...

—Pois moi ben. Veña, chao, e bon día.

—Veña, adeus, a servir.

O LADRÓN DE PALABRAS

Era un país hai moito tempo no que as palabras eran valiosas como o pan ou a auga, como en todos os países do mundo.

Un día chegou un estranxeiro e parou a falar cunha muller nun camiño. Aquel home levaba un coitelo ao cinto e un dente de ouro. Estiveron falando e falando e, nun momento dado, o estranxeiro fixo así coa man e rouboulle unha palabra á muller e saltou ao cabalo e marchou a galope.

O ladrón de palabras seguiu galopando até que chegou a unha aldea. Alí entrou nunha pousada e púxose a falar cun médico que viña de curar un enfermo. O ladrón sacou unha moeda de ouro e dixo:

—Cámbioche esta moeda de ouro polas tres últimas palabras que acabas de dicir.

O médico dixo que non, As palabras non son miñas, que son de moita outra xente. Mais o ladrón de palabras agardouno no bosque e púxolle na gorxa o coitelo e rouboulle aquelas tres palabras sen perder o sorriso dourado.

Ao día seguinte o ladrón chegou a unha cidade e entrou nun pazo. Nunha man levaba unha bolsa con ouro e noutra, unha bolsa con palabras. Díxolle ao señor mostrándolle o ouro:

—Mércoche todas as palabras que pronunciaches hoxe.

—Non —dixo o nobre—, as palabras non se venden.

Mais o estranxeiro ameazouno co coitelo e roubou-llas unha a unha.

Máis adiante, o ladrón de palabras asaltou un home que viaxaba a cabalo. Era un poeta especialista en cancións de amor. O ladrón sacou a daga e díxolle:

—As palabras ou a vida.

O poeta respondeu:

—As palabras non son miñas, son do meu pobo. Eu nunca as vendería.

Mais o ladrón de palabras foi contra el e arrincoulle as palabras do corazón.

Axiña correu a voz por todo o país de que lles estaban roubando as palabras. E moita xente botou man das armas para defendelas. Cóntase que, de entre toda a xente da vila, os que mellor protexeron as palabras foron os labregos coas gadañas e as fouciñas, e os mariñeiros, cos coitelos e os arpóns. E que as mulleres máis valentes as escondían nas faldriqueiras ou nas camisas de liño.

Mais o ladrón de palabras continuou roubándolles as palabras mesmo ás nenas que aprendían a ler e aos nenos que ían mercar zapatos. E aos mestres nas escolas e aos avogados que sabían de leis. E pouco a pouco aquel país seguiu perdendo moitas das súas palabras e foise facendo día a día cada vez máis pobre porque era o país ao que lle roubaban as palabras.

Dise que a xente para protexer as palabras e gardalas en segredo mesmo as deixou de escribir. E que por medo ao ladrón de palabras moitas persoas, desconfiadas, durante séculos só pronunciaban as súas palabras coa familia ou entre xente amiga.

Así pasaron os anos e cóntase que naquel país aínda hai xente que segue tendo medo do ladrón de palabras. E hai quen di que ás veces o ladrón segue aparecendo nunha parada de bus ou nunha floristería ou nunha escola cunha bolsa e un coitelo e un sorriso cun dente de ouro.

UF

A Celso F. Sanmartín

Entrou na cafetería, prendeuse naqueles ollos, asombrouse e soubo que atopara algo... Fixo uf e comezou a..., mirouna outra vez e comezou a amala, a querela, pensou, e sentou á mesa máis achegada á cafeteira e sentiu..., uf, que comezaba a...

—Ola —dixo ela—, que queres?

—Quero... macela.

Ao día seguinte entrou á mesma hora e ela seguía alí e sentiu que, uf, que a quería, en serio, pensou.

—Ola —dixo ela—, que queres?

—Quero... tila.

Ao terceiro día continuaba queréndoa e comezou a imaxinar e a necesitar, ao mesmo tempo, que ela estaba, que ela estivese, comezando a sentir iso tamén, uf.

—Ola, que queres?

—Quero... menta.

Ao cuarto día sentiu que xa non podía máis, que tiña que dicirllo. Teño que dicirllo, pensou, uf.

—Ola, que queres? —dixo ela.

—Quero... te —dixo el.

Ela abriu os ollos preguntando Como? e el dixo outra vez en baixiño Quero...te. E dixo Quero...te ao día seguinte e Quero te ao seguinte e ao cuarto día tamén dixo Quero te e entón ela díxolle cos ollos Eu tamén.

A MULLER QUE VIVÍA NO FUTURO

Hai moito tempo sucedeu algo.

Naceu unha nena que vivía no futuro.

Puxéronlle de nome Manhá e a xente non se explicaba como sucedera aquilo.

Manhá chegaba á primavera antes que as flores.

E antes de que chegase o inverno, as mans de Manhá xa estaban frías.

Como ela vivía no futuro, toda a xente era como dunha época pasada.

Ela daba as respostas antes de saber as preguntas.

E dicía cousas que ninguén nunca imaxinara.

Cando Manhá ollaba cara atrás, todo estaba moi lonxe.

E a sombra da muller que vivía no futuro ía varias horas de sol adiantada.

As casas novas volvíanse antigas cando pasaba ao seu lado.

As mazás oxidábanse nas súas mans.

Manhá nunca estaba aquí e agora.

O día que Manhá morreu, a xente deixou de vivir no pasado.

A FÁBRICA DE PALABRAS

Chámome Markus Lei e son o creador da primeira empresa dedicada á fabricación de palabras. Son o fundador de Verba, o idioma do futuro.

A Empresa das Palabras comezou tendo un funcionamento innovador: un pequeno grupo de investigación creaba unha palabra, rexistrábaa baixo o dereito de copyright e ofrecíaa ao mercado como un produto de consumo máis.

A primeira empresa que fabrica palabras axiña comezou a prosperar. Contratamos xente experta en filoloxía, en teoría da comunicación, en márketing ou en economía e formamos, xunto a un grupo de escritores, publicistas e expertos en creatividade, o primeiro equipo especializado en Comunicación Industrial ao servizo dunha empresa que ten como obxectivo a venda de palabras.

Hoxe Verba ten máis de cinco mil persoas contratadas en vinte e dous países producindo as palabras do novo idioma, o Verba.

A Empresa das Palabras desenvolve un proceso de privatización da comunicación. O seu funcionamento consiste en rexistrar as palabras creadas pola Empresa e distribuílas na sociedade baixo o regulamento da propiedade intelectual.

A través das leis do libre mercado as palabras véndense como se fosen obxectos, e a lingua, unha mercadoría. Verba resérvase todos os dereitos sobre a súa utilización.

A estas alturas da historia a nosa multinacional chegou á conclusión de que as linguas son a máxima representación da creación cultural dun pobo. Cada pobo elaborou ao longo de milleiros de anos o seu propio idioma e, xeración tras xeración, ese patrimonio vén representar a propia identidade comunitaria. Xunto aos recursos naturais, os patrimonios culturais que cada lingua representa son os valores máis prezados do planeta. A idea apareceu como unha luz acendida: só tiñamos que crear unha lingua e os seus falantes serían os nosos consumidores. Unha lingua nova que competise co resto dos idiomas do mundo coas leis da oferta e a demanda.

A Empresa das Palabras descubriu que a Comunicación tamén podía ser rendíbel en termos económicos e deseñou o seu propio proceso de difusión lingüística, un proceso de creación que non responde á necesidade de transmisión e representación cultural dun pobo, senón que recorre á función comunicativa da linguaxe co único obxectivo do lucro económico dunha empresa privada.

Dous anos despois da súa fundación Verba comezou a cotizar en Bolsa e os seus beneficios medran ano tras ano a medida que as palabras se desenvolven socialmente por centos de países. Os inimigos chámannos McWord.

A través da difusión social de palabras que a xente vai asumindo espontaneamente como propias, e a pesar de que realmente todas e cada unha desas palabras son propiedade dunha empresa, Verba conseguiu que milleiros de palabras que hoxe son de uso cotián sexan obxectos inmateriais de compra e venda. E como toda propiedade privada, a Empresa resérvase os dereitos da súa utilización.

Si, Bill Gates creou un imperio informático e chegou a rexistrar baixo copyright o dobre clic do rato, mais eu, Markus Lei, cheguei, hoxe por hoxe, a ser propietario de millóns de palabras xestadas en laboratorios lingüísticos. Son o primeiro propietario dun idioma na historia da humanidade.

E apenas necesito máis máquinas de produción que as cordas vocais.

A primeira palabra rexistrada por Verba no Rexistro Internacional da Propiedade Intelectual foi Leu. A palabra Leu, hoxe de uso xeneralizado en grande parte do planeta, especialmente nos países nórdicos e nos da antiga Unión Soviética, vén definida no Dicionario de Verba como "Fatiga sentimental, cansazo ou fastío producido polas relacións amorosas ou emocionais". Cando as túas emocións che pesan demasiado, cando te fartaches de darlle voltas á túa situación sentimental, cando evitas pensar nos problemas coa túa parella, daquela estás leu. Estou leu, ou teño leu, moito leu. I'm leu. Je suis leu. Esa foi a primeira palabra da Empresa inoculada no mercado, estendida de forma transfronteiriza en poucos anos entre millóns de persoas.

Segundo o último informe económico de Verba, actualmente poñemos en circulación preto dun milleiro de palabras novas ao día. En vez de pensar nunha empresa que abre douscentos locais comerciais de venda directa ao público ao ano noutros tantos países, temos que pensar que a nosa firma crea, difunde e socializa palabras a través de multiplas canles de comunicación.

Os neoloxismos da Empresa son valores en alza. Os seus ingresos anuais superaron en decembro do ano pasado os da petroquímica Shell. No mercado bursátil de Wall Street, Verba está rompendo todas as marcas históricas. Nas rúas as palabras da Empresa están de moda. Famosos deportistas, actrices e cantantes cobran centos de millóns por empregar, introducíndoas con aparente naturalidade, as palabras de Empresa nos medios de comunicación.

Verba xa conta con plataformas de comunicación en diversas rexións do mundo. Temos as nosas propias televisións, radios, portais de internet, os nosos propios xornais, editoras de poesía, de narrativa, literatura infantil, libros de texto… Na maior parte dos *media* —algúns dos cales a Empresa comezou a mercar estratexicamente—, nunha importante cantidade de información inclúense as palabras de Verba, para vender automóbiles ou roupa deportiva, para anunciar concertos, redactar o horóscopo ou escribir artigos de opinión.

As palabras de Verba comezan a ser necesarias para comprender certas mensaxes e os nosos estudos de mercado dinnos que moita xente está asumindo a idea de que falar verba é un investimento persoal óptimo.

Milleiros de focos comunicativos en todo o mundo están a producir palabras nos contornos locais máis variados. Verba, que comezou elaborando palabras para os mercados inglés, ruso, español —especialmente en Hispanoamérica— e francés, xa está a ingresar beneficios en países con linguas menos estendidas e hai eco-lingüistas que están dando a voz de alarma a causa dos cambios que se están a producir, pois aseguran que a irrupción do verba pode provocar procesos de substitución lingüística e perda de liberdade de expresión. De feito, as Palabras da Empresa xa se están introducindo nos currículos escolares dalgúns países do sur. E hai pais e nais que lles aprenden aos seus fillos as primeiras palabras en verba, favorecendo a aparición da primeira xeración de nenos e nenas que teñen o verba como primeira lingua.

Segundo os nosos cálculos, e se a tendencia se mantén esponencialmente estábel como até agora, o verba será o décimo idioma falado no planeta en vinte e cinco anos.

O negocio funciona. Pasarei á historia como o inventor dun idioma que non ten simplemente falantes senón consumidores. Despois de que o ser humano chegase a pagar pola comida, pola auga, pola enerxía, pola vivenda ou a información, chegou o momento de pagar por falar.

O verba é o idioma do futuro.

Chegará un momento en que millóns de persoas falarán unha lingua que non lles pertence, que non é súa.

Falarán a miña lingua.

INSTRUCCIONES PARA EMPEZAR A HABLAR GALLEGO

Welcome to the best method to learn Galician!

Bienvenu à la meilleure méthode pour apprendre le galicien!

El primer paso que debería dar la persona que pretenda empezar a hablar gallego es sacarse una fotografia tamaño carné para tener un recuerdo de cómo era antes de saber hablar gallego.

El segundo paso requiere un esfuerzo algo mayor: enfrentarse a leer sin miedo en la lengua objecto del aprendizaje. ¡Suerte!

E xa estamos no terceiro paso, que ten que ver co método Bulinsky de interpretación teatral, que consiste en asumir o papel dun personaxe que está aprendendo unha lingua con todas as consecuencias dramáticas que iso conleva.

Así, por exemplo, pode disfrazarse cun sombreiro de copa ou bigotes falsos ou perruca e dicir no supermercado, por poñer un caso, as súas primeiras palabras en galego en boca do seu personaxe: Por favor, onde están os cepillos de dentes?

A finalidade do disfrace —recomendado para a xente mais tímida— é pasar desapercibidos diante das persoas coñecidas que nesta etapa da aprendizaxe, nalgúns casos, poden facer fracasar a misión con frases pouco animosas do tipo:

—¿Y luego ahora hablas gallego? Pues te veo rara (cun ton burlón).

—Uy, que gracioso estás... (cínico).

—¿Y que dicen tus padres de todo esto? (incrédulo).

—¿Y como te dio por ahí? (asustada).

—Ostia, colega, ¿y tú de que vas? (molesto).

—Aún si lo hablaras bien... (indignada).

—Nótase que non o mamaches (purista).

A maioría da xente que di esas parvadas non ten mala intención, mais ás veces escápansenos estas cousas que teñen botado para atrás, aínda que pareza mentira, a algunhas persoas que, cando algún día intentaron falar galego, non o conseguiron debido á presión do que dirán.

O "que dirán" é unha desas cousas que pode preocupar a unha nai cando seu fillo rouba un banco, por poñer un caso, mais realmente falar unha lingua non ten as mesmas consecuencias. Hai que ter claro, iso si, que esta será unha pregunta que pode crear inseguridade: Y si empiezo a hablar gallego, ¿que dirán?

Nunha categoría semellante estaría o "que pensarán", o que nos fai reflexionar sobre a importancia da psiquiatría no proceso de aprendizaxe e uso da lingua galega.

O cuarto paso para comezar a falar galego é rirse dos propios erros antes de que se ría outra xente. Hai que levar con humor eses pequenos disparates e interferencias do tipo "Este libro é miño" ou "Voute pegar unha leite" sabendo que ningunha persoa na Historia pasou do estado A: *Non falar unha lingua* ao estado C: *Falar ben unha lingua* sen un período intermedio B: *Falar máis ou menos mal esa lingua.*

A xente que saiba ler pode atopar algo de axuda nos libros. Nos dicionarios veñen case todas as palabras ordenadas do A ao Z. A xente que non saiba ler ou prefira non facelo que non se preocupe. Hai moitos casos de persoas que nunca leron un libro en galego e o falan perfectamente.

Estamos chegando ao final, entrando xa na etapa de desmitificación da lingua galega, cando descubrimos que realmente o galego é unha lingua como outra calquera, sen aparentes poderes transcendentais engadidos. E así podemos sorprendernos un día preguntándolle a hora en galego a alguén con toda naturalidade, sen darnos conta.

Conseguido o noso obxectivo, descubrimos de maneira sorprendente que, contra o que pensa algunha xente, para falar galego non é imprescindíbel ser independentista nin necesario ir vivir a unha aldea.

O último paso destas instrucións para falar galego non ten volta atrás:

Chegou a hora de comparar a antiga foto carné coa nosa imaxe actual nun espello e comprobar que todo segue no mesmo sitio. Os cambios son imperceptíbeis, e calquera transformación inesperada só pode ter como explicación o paso do tempo ou calquera outra incidencia allea á lingua galega.

EU FIXEN OUIGHA CO ESPÍRITO DE CASTELAO

Hai xente que non recorda cando, como ou por que comezou a falar galego. Eu si. Recordo perfectamente aquel 17 de maio. A profesora entrou na aula cunha bolsa grande do brazo e dixo A lección de hoxe vai ser diferente, e sacou dous cirios e prendeunos e dixo Baixade as persiás.

Díxonos que fixeramos unha roda e que sentásemos no chan e fixémolo sen deixar de mirarlle nos ollos un brillo que eu nunca volvín verlle a ningún outro profesor.

Falaba en voz baixa, amodo, e dixo Pode que a lección de hoxe nunca a esquezades. Hai moito tempo que quería facer isto e nunca me atrevín. Hai xente que di Con esas cousas non se xoga. E eu digo Podemos xogar con calquera cousa. Sentou.

Isto dixo sacando unha táboa de madeira e un vaso que pousou no chan, isto é, unha ouigha, un vínculo de comunicación co máis alá. Cos espíritos. Hai xente que di que os espíritos non existen, e supoño que teñen razón. Mais hoxe necesitamos crer neles. E puxo un vaso de cristal encima do taboleiro, que tiña o abecedario e os números pintados.

Lembro a profesora dicíndonos Xuntade as mans facendo un círculo. Entón a súa voz comezou a vibrar con aquela escuridade de médium.

Invocaaaaaamos o espíritooooo deee Daniel Alfonso Rodríguez Caastelaaaaaaooo... Invocámoste, paaaaai da paaatria, invocáaaamoste, luz da Gaaaaaliza, faaaaaro da nazooooón de Breogaaaán. Ven con nóooooos ao noso círculo de irmaaaandade, veeeen á nooosa teeeerra.

Moi ben, rapaces, rapazas, agora Luís e mais eu imos poñer o dedo índice sobre o vaso. Luís, por favor...

Luís era eu. E puxen o meu ao lado do seu dedo sobre o vaso que estaba boca abaixo.

Irmaaaaaaán Castelaaaao, se estás entre nós, manifé-eeeeestate!!!

E entón sentín como o vaso comezaba a se mover cara ao S, fixemos un ooooohh como se aquilo fose un milagre, e o vaso foi cara ao A..., arrastrando o meu dedo cunha forza delicada. Logo U, D, e outra vez E e T, E, R dúas veces e A... Saúde e Terra, dixo a profesora.

Saúde e Terra, irmao Daniel. Hoxe estamos aquí reunidos na procura de coñecemento e sabedoría... Alguén quere preguntarlle algo a Castelao, rapaces, rapazas?

O silencio durou dez, quince segundos... Non deberiamos facer esperar a Castelao, dixo a profesora, sempre foi unha persoa moi ocupada..., e entón alguén preguntou...

Está por aí Rosalía de Castro?

O vaso moveuse outra vez, ene, e, ese, te, e, pe, erre, e, ce, i, ese, o, eme, o, eme, e, ene, te, o, ene, o, ene... Estou só. Rosalía foi dar un paseo.

E aí escribes libros?

Escribo.

E como se titula o último que escribiches?

Cousas da morte.

E escoitas música? —preguntou Lucía.

Si, gústanme os Rolling Stones.

Irmán Daniel... —dixo a profesora coa súa suave voz en off—, queres facernos ti algunha pregunta? Talvez ti tamén teñas curioooosidaaaade...

Entón foi cando Castelao, logo dun tenso silencio, fixo aquela pregunta que cambiou a miña vida:

F-a-l-a-d-e-s g-a-l-e-g-o-?

E claro... Eu, si, adiantouse Marcos.

E eu, e eu, foron dicindo Lucas e Iria e Uxío e Lucía e...

Eu case sempre —dixo Marta—. E así toda a xente.

Entón todo o mundo empezou a mirar para min, que era o que faltaba... E dixen, co dedo tremando encima do vaso, con moito respecto: Ay, yo aún no lo hablo, Castelao, pero, mira, te juro que empiezo mañana mismito.

UNHA PALABRA COMÚN

Eu só son unha palabra común. A miña vida podía ir mellor ou tamén peor. Gústanme os diminutivos afectivos e non me levo nada mal cos números. Nacín aquí, hai xa bastantes anos, e as cousas desde que eu era unha palabra nova cambiaron moito. En fin, que estou para o que faga falta. Aprendín moi cedo que son única, que ningunha outra palabra pode substituírme, como nos pasa a todas as palabras do mundo.

Coñecín moitas palabras que desapareceron e todos os días me cruzo na rúa con algunha que acaba de nacer.

Mais hai uns quince días sucedeume algo preocupante. Acababa de acordar e estaba saíndo da ducha cando soou o timbre da casa. Vestinme apurada e abrín a porta. Cando vin que era un castelanismo fechei a porta con medo. E respirei fondo.

Que quede claro que non teño nada contra as palabras estranxeiras. Na miña vida coñecín moitas que viñan aquí facendo turismo. Pasei moi bos momentos con algunhas palabras italianas e francesas e unha palabra alemá e mais eu mesmo tivemos unha historia de amor hai algúns anos.

Tamén fixen algunhas viaxes a outros países e nunca tiven problemas para me facer entender e comprender as palabras coas que me atopei en Grecia ou Turquía ou en Exipto. Todo o contrario.

Sempre me gustou coñecer as palabras doutros idiomas, contarlles cousas da miña lingua e escoitar as súas aventuras.

Mais a palabra que chamou á porta da miña casa non viña facer turismo. Viña quedarse. As palabras da miña lingua levamos pasando por isto desde hai anos xa. De súbito chegamos á nosa casa ou ao noso traballo e hai un castelanismo ocupando o noso lugar, facendo súa a nosa vida.

E que quede claro que tampouco teño nada contra as palabras inmigrantes, que chegan para vivir como calquera de nós, que eu teño moi boas amigas que chegaron de América hai algún tempo e agora son como da casa, vivindo neste país que sempre foi hospitalario con todo o mundo.

Mais isto é diferente: aquel castelanismo que me fixo suar de medo na miña propia casa viña coa intención de me facer desaparecer. É un temor que teño desde hai algúns anos, cando comezou lentamente a invasión dos castelanismos.

Ao primeiro eran poucas. Vivían en grandes pazos nas aforas ou nas casas máis ricas ou nos cuarteis do exército. Axiña se descubriron as súas intencións, cando comezaron a ollarnos por riba do ombro, e a ocupar os mellores traballos e a facerse con privilexios á custa de nós e a substituírnos, pouco a pouco. Ao final moitas de nós acabaron desaparecendo e doutras xa case ninguén se acorda. O resto, resistimos.

Eu, como sempre fun unha palabra común, ao principio non me preocupei demasiado, penso que por egoísmo. Non me afectaba. Aínda que cando as miñas veciñas do 3º A e 2º B desapareceron e comecei a ver saír e entrar dos seus pisos dous castelanismos, comecei a pensar que preocuparse polo que pasaba ao meu redor era necesario, porque todo nos afecta a todas. E así foi.

Así que fechei a porta e preguntei cara afora:

—Que queres?

O castelanismo díxome que eu xa non era necesaria, que por favor abrise a porta, que non me resistise, que todo acabara para min e que regresaría o día menos pensado para quedar coas miñas cousas, a miña casa, o meu traballo e o resto.

Esa mañá non saín da casa. O mundo veume encima. Acovardeime e non fun traballar. Sei que cando unha palabra non sae á rúa, ou non vai ás cafeterías, aos colexios, ás oficinas, en fin, aos lugares de sempre, para esa palabra comeza o principio da fin.

Estiven chorando medio día até que me dixen: Chorando non se amaña nada. E collín as miñas cousas e saín decidida a facer o meu traballo, coa cabeza ben alta, ergueita. E traballei até ben entrada a noite e cando regresei á casa, seguía sendo a miña casa.

Desde que o castelanismo que me quere substituír veu ameazarme non tiven un minuto de descanso. Sinto como se tivese que traballar por todas as palabras que desapareceron, que hai moito por facer. Traballo día e noite e descanso satisfeita porque estou facendo todo o que podo. Nunca me sentín con tantas ganas de vivir.

A situación é moi preocupante aínda que ultimamente somos moitas as palabras que decidimos enfrontarnos a esta colonización da mellor maneira que sabemos: saíndo da casa todos os días, ocupando as nosas rúas, as nosas fábricas, as escolas, os autobuses, as prazas, as empresas, os mercados, as librerías, as tendas de música, os cíbers, e todos eses lugares onde realmente somos necesarias.

Porque eu, aínda que son unha palabra común, síntome unha palabra útil. Eu son unha palabra imprescindíbel, como todas e cada unha das palabras do meu idioma. E sempre estarei aquí. Para o que faga falta.

UNHA IMAXE VALE MÁIS

O meu álbum de fotos ten moitas páxinas. Non é un álbum como outro calquera. Non. Ten tantas follas que por moitas moitas fotos que fixese na miña vida non ocuparían nin unha cuarta parte do álbum. Non. É un álbum especial. É o álbum da miña familia.

Na primeira páxina hai unha foto dunha muller e dun home diante dun fondo gris. O álbum foi idea deles, meus tataravós. O día da súa voda colaron a foto na primeira páxina esperando poñer algunha outra algún día e deixarllas á súa filla. Non puido ser e da súa vida só ficou aquela única foto.

No álbum da miña bisavoa hai cinco fotos. Son alegres nun branco e negro algo triste. Cando a xente as ve, di que a súa boca é como a miña.

E despois están as fotos da miña avoa, que se parecía moito a min na forma de ollar. E despois están todas as de miña nai, que ten as primeiras en cor. E as miñas, desde o día que nacín até hoxe.

Este é o meu álbum de fotos, que algún día pasará á miña filla.

No álbum tamén hai fotos nas que non sae ninguén. Hai unha foto na que aparece un lugar: as montañas da serra inzadas de castiñeiros, o río, o muíño, vacas nun prado, nubes. No álbum hai catro fotos dese lugar, diante da miña casa. E son catro fotos diferentes, mais é a mesma foto.

A primeira foto encargouna miña bisavoa antes de que seu home emigrase a Arxentina. Encargou dúas copias e unha foi a Buenos Aires nunha caixiña con toxo, carqueixa e uz.

A segunda foto é de hai setenta anos e case non hai diferenzas coa anterior foto. Colouna miña avoa no álbum porque seu marido fuxira na guerra e pediulle que lle enviase unha copia a México.

A terceira foto xa é de miña nai. No prado hai menos vacas e no monte, menos castiñeiros e moi, moi ao fondo vense uns piñeiros e varios eucaliptos. Unha copia envioulla a papá a Suíza antes de que eu nacese.

A cuarta foto é a miña. Tireina cando se metía o sol o día que viñeron as escavadoras para abrir unha canteira na fraga e os botamos.

Seguramente a miña filla algún día lle tire unha foto á montaña. Gústame imaxinar que os castiñeiros seguen aí e o río e o muíño e as vacas.

O día que miña nai morreu contoume aquela historia da muller que chegou á fronteira e a pararon na alfándega con dúas bolsas na man. A muller tiña que marchar do país e nunha bolsa levaba as súas cousas e todos os seus cartos, unha pulseira de prata, un colar de acibeche, uns brincos de ouro... E na outra bolsa levaba o seu álbum de fotos.

O soldado díxolle: Só pode pasar unha bolsa.

E a muller pasou a fronteira co seu álbum de fotos abrazado ao peito.

Cando miña nai acabou de contarme a historia, deume o álbum. Toma, dixo. Eu recibino de miña nai e ela, da súa. E dixo: Eu sempre souben que non era meu. Que era teu. E ti, en canto o teñas nas mans, saberás que é da túa filla.

A AGULLA DE MAREAR

Eu choraba e choraba e miña avoa díxome un día pola mañá Anda, anda, deixa de chorar e fai algo útil, vai ao ferrancheiro por unha agulla de marear. E fun.

Ola, bo día, e dixen Quería unha agulla de marear. E o señor da ferretería díxome cun sorriso simpático Aquí non hai, vai á mercería. Así que fun.

Ola, bo día, e preguntei na mercería Quería unha agulla de marear. E un señor moi serio de bigote díxome Pois acabáronsenos, vai á droguería. E fun.

Ola, bo día, terán agullas de marear?, preguntei. Pois non..., díxome a muller chiscándome un ollo, Vai á zapatería, alí seguro que hai. E fun.

Ola, ehem, bo día, mire, é que veño buscando unha agulla de marear... Pois chéganme mañá..., dixo o zapateiro. Vai á costureira. E fun.

Ola, bo día, mire, é que veño do zapateiro e mandoume aquí: quería unha agulla de marear, díxenlle á costureira. E a señora ollando por riba do cristal dos lentes dixo, buscando no armario de detrás do mostrador, A ver se me quedan... Pois non. Vai á carpintería. E alá fun.

Ola, bo día, mire, é que levo dando voltas toda a mañá de comercio en comercio e non sei..., eu quería unha agulla de marear. E o rapaz da carpintería fixo así coa cabeza e dixo Na xastrería seguro que a tes. E claro, fun.

Ola, bo día, quería unha agulla de marear. E o xastre, que era coxo, díxome O-ó, non hai, acabáronsenos, vai aí ao lado, na ourivería seguro que hai. E fun.

Ola, bo día, uf, levo dando voltas toda a mañá, a ver, eu quería unha agulla de marear. E na ourivería había dúas señoras e miráronse e díxolle unha á outra: Penso que vendín a última hai tres días... E dixo a outra Vai mirar á librería. E fun.

Ola, bo día, unha agulla de marear... Aquí xa non traballamos as agullas de marear..., dixo a libreira, Vai mirar na xastrería... Xa fun. Ahá, pois aí á volta da esquina, na carnicería... E alá marchei.

Ola, boas, unha agulla de marear? E o carniceiro, co machete na man díxome Pero ti... Isto é unha carnicería, mira aí no ultramarinos a ver se teñen algunha... E fun.

Mais xa era moi tarde e o ultramarinos fechara.

E volvín á casa sen agulla de marear.

A SUPERFICIE DAS PALABRAS

—Ola, ola, ola, aquí chegamos, somos os Antípodas, un pouco boomerangs e un pouco underground, o poder alternativo de Radio Fusión... Como sempre, na cabina de control, Lucía Rei, e no micro, Tomás Lijó..., aborixes con denominación de orixe... Non, non, non, o programa de hoxe non ten comparanza con ningún outro da historia recente da radio continental... Nunca escoitastes nada igual e nunca escoitaredes nada parecido. O programa de hoxe vai pasar á historia das descubertas e dos descubridores... Porque hoxe, amigos e amigas, hoxe temos con nós unha persoa moi, moi especial... Acompáñanos o profesor Adrián Nimo... E quen é o señor Nimo? Pois é un medidor de palabras... Que? Dígame? Ques que se? Ola, señor Nimo...

—Ola, boas tardes...

—Así que vostede é un medidor de palabras?

—Ahá, mido palabras...

—E iso? Pode orientarnos un pouco...?

—Pois..., a ver que llo explico... Eu mido palabras, é dicir, levo anos medindo palabras. Eu chego pola mañá á biblioteca, chego coa miña regra de metacrilato de 30 centímetros e unha libretiña, pido un libro e póñome a medir as palabras...

—Ahá, que interesante... E cantos anos hai que comezou a medir as palabras?

—Ui, moitos, moitos, eu, como llo podo explicar, eu sempre tiven algo de descubridor, non sei, un instinto, sempre souben que eu podía descubrir algo importante, mais...

—Ahá?

—... sabe, a min non me gusta viaxar... Eu sempre fun máis, como llo podo dicir, máis sedentario... Entón hai dez anos xusto cando acabei a carreira...

—Desculpe, que estudou vostede, señor Nimo?

—Filoloxía, son filólogo...

—Ah, filólogo, vaia, vaia... de *filo*, amigo, e *logos*, palabra, si, señor...

—En fin, como dicía, cando acabei os estudos dixen eu Pois teño que facer algo que nunca fixese ninguén... E un día que cheguei á hemeroteca, un día que estaba aburrido cun libro na man e, non sei como, ocorréuseme: Medir palabras!!

—Así, sen máis?

—Ahá, foi así, de súpeto, pimba, eureka, como unha revelación... Claro, enseguida me dei conta de que, se quería facer unha investigación seria e científica, ía necesitar moito tempo... E solicitei unha bolsa de investigación... Na Universidade atopei xente que confiou en min e..., e así ata hoxe.

—Vaia, que sorte... E en que consiste a súa investigación? Como é un día de traballo na súa vida?

—Pois eu chego á biblioteca moi cedo coa miña regra, unha calculadora que funciona a luz solar e a libretiña e comezo a medir... Collo a primeira palabra dun libro e, a ver, 0,2 centímetros de alto por 0,8 de longo, por exemplo, e logo outra, e outra, e así até o punto final do libro. Vou sumando as medidas e divido os resultados entre o número de palabras do libro e así consigo a media do tamaño de todas as palabras de cada libro... Despois chega o máis importante: multiplico a altura pola lonxitude e así consigo coñecer a superficie das palabras.

—Vaia, vaia, vaia, señor Nimo, estou estupefacto...

—Estou acostumado. A xente cando descobre o meu traballo, abre moito a boca...

—Ahá, porque, a ver, cal é a finalidade da súa investigación?

—Oi, como llo podo explicar... A ver, o certo é que a miña investigación é única no mundo e ten como obxectivo descubrir a superficie das palabras... a área, mellor dito. Hai xente que pasou á historia por describir a morfoloxía do diamante, non?

—Ahá...

—Ou a fórmula da cadea do ADN, non si?

—Si...

—Ou as dimensións do burato de ozono, non tal?

—Pois...

—Pois ben, eu, despois de medir moitos millóns de palabras de milleiros de libros, pero moitos, moitiños libros, eh, descubrín a superficie media das palabras da nosa lingua...

—Vaia, uff!

—Si.

—E pode revelarnos...?

—Por suposto... O tamaño medio das palabras da nosa lingua é de 0,789312 centímetros de longo por

0,185268 de alto, do que resulta unha superficie de 0,146234 centímetros cadrados.

—Anda! Impresionante! Fabuloso! Alucinante! Están escoitando, amigos e amigas?, hoxe temos con nós unha desas persoas que pasarán á Historia con maiúsculas, o profesor Nimo, filólogo e medidor de palabras... Por certo, señor Nimo, unha curiosidade... E as outras linguas, hai variacións na superficie media das palabras das outras linguas?

—Por suposto! O mundo das palabras é un verdadeiro universo de sorpresas...Unha vez que descubrín a superficie media das palabras da nosa lingua, investín parte do meu tempo na análise doutros idiomas, do inglés ao español, do romanés ao suahili, do lapón ao malaio, do cherokee ao ruso, e moitas máis... E descubrín que si, que o tamaño medio das palabras varía, é diferente, en cada lingua...

—Glups!

—Ahá, todo un descubrimento, eh? Desde o punto de vista da antropoloxía é toda unha revolución...

—Asombroso... E agora?

—Agora estou medindo as palabras doutros alfabetos, o cirílico, o braille, o chinés, o rúnico... En fin... O camiño da ciencia é infinito...

—Pois que teña unha boa viaxe, profesor Nimo, polo camiño das palabras... Foi todo un pracer compartir con vostede esta descuberta, e saber que hai persoas que non deixan de sorprendernos...

—Veña, un saúdo...

—Aburiño, profesor Nimo, e agora, amigos e amigas, un pouco de música!

NIN EN SOÑOS VOU PERDER A MIÑA LINGUA

Eu só teño cinco anos e sei que aínda non comprendo moitas cousas. Umm, por exemplo, non comprendo por que temos dedos nos pés ou por que eu escribo coa man esquerda.

Sei algunhas cousas. Gústame darlles voltas ás cousas. Sei por exemplo que as palabras se fan dentro da boca. Algunhas nacen máis adentro, aquí, na gorxa. E moitas, na lingua. Se eu penso unha palabra, pas!, nese momento aparece na lingua e só teño que movela e a palabra sae voando para afora. Aínda que non se ven. Verse só se ven cando están escritas. Cando estaba aprendendo a ler, un día pensei que gardaba na barriga todas as palabras do mundo. Despois descubrín que non, que as palabras son como os pensamentos, están e non están. É como cando dis Teño unha idea, e a idea aparece na cabeza nese momento, como as palabras que aparecen na lingua nada máis pensalas. E así.

Resulta que hoxe non deixo de mirarme a lingua. Aaaaaaaaaaa. Porque estou preocupada. Porque no autobús escoitei a unha señora dicíndolle a outra algo así como que O problema máis grande é que os nenos están perdendo a lingua. Dixo iso: Os nenos están perdendo a lingua. Que eu estaba ao seu lado e escoiteina ben. E a outra señora dixo Ahá, con cara de preocupada.

Eu tiven que baixar do autobús na seguinte parada porque mamá me levaba da man e tiñamos que ir á carnicería. E cando chegamos á carnicería, cando collín o número na máquina, díxenlle a mamá: Mamá, é certo que os nenos están perdendo a lingua? E ela miroume como se lle fixese unha pregunta rara e púxose seria como cando me está explicando o número nove, que para min é o número máis difícil, e díxome: Si, hai moitos nenos e nenas que están perdendo a lingua. Sobre todo nas cidades. Douscentos gramos de queixo, por favor.

Así que eu collín un pouco de medo porque, claro, eu vivo nunha cidade e aínda son unha nena. E abrín a boca e, aaaaaa, mirei a ver se a lingua seguía alí.

De volta no autobús, outra vez. Na radio. Despois dunha canción de non sei quen ponse a falar un señor e di algo así como O problema da perda da lingua estase estendendo por todo o país... E dixo "estendendo" como se fose unha enfermidade, como cando falan da gripe, ou como no verán cando os incendios se estenden polos montes e non poden apagalos. E eu díxenlle a mamá: E que se pode facer para non perder a lingua? E ela díxome Pois falar moito. Como de moito? Moito. Tes que falar seguido, dixo. Eu, cando non me vía, volvín aaaaaaa sacar a lingua para ver se a perdera. Uff.

E por iso levo hoxe todo o día que non paro de darlle á lingua. Ola, ola, bos días, ola, boas tardes, fun saudando a todo o mundo pola rúa. E á veciña do terceiro no ascensor conteille que mamá mercara douscentos gramos de queixo e douscentos de chourizo e trescentos de salchichón e tres bistés de porco e, cando cheguei á casa, púxenme a cantar a canción do camarón, ron, ron e así. E seguín cantando e falando para min e tanto falei que mamá na cea díxome Non se fala mentres se come.

De cando en vez saco a lingua, aaaaaaaaa, e dígolle Ola, estás aí? Olaaaaaaa. Uff.

Eu non comprendo como se pode perder unha lingua. De verdade que non o comprendo. Como pode perder alguén a súa lingua? Parece incríbel. Aínda que se toda a xente fala diso, debe de ser certo... Eu por se acaso espero non deixar de falar nin en soños. Ha! Nin en soños vou perdeu eu a miña lingua!

ESTUDO SOCIOLINGÜÍSTICO SOBRE A MOCIDADE BAIXO OS EFECTOS DAS DROGAS

O pasado sábado, 11 de setembro, un grupo de investigación sociolingüística da Facultade de Filoloxía da Universidade de Santiago elaborou un estudo sobre as actitudes cara á lingua da mocidade baixo os efectos das drogas.

O estudo pretendía recoller as valoracións e motivacións que rapazas e rapaces urbanos —da área de Santiago de Compostela— teñen en relación coa lingua galega e o conflito lingüístico.

O estudo foi realizado coa metodoloxía da recollida de campo nunha das chamadas noite de marcha, máis concretamente nun espazo culturalmente recoñecido como botellón, nun parque do centro urbano compostelán.

Segundo Antonio Escohotado, autor, entre outras, da obra *Historia das drogas*, estas son utilizadas polas persoas para crear ámbitos grupais de desinhibición comunicativa intergrupal.

Cando falamos de drogas, non estamos a referirnos só a esas substancias consideradas escandalosamente perigosas para a saúde —pastis, pílulas, cabalo, fariña, haxix ou maría—, senón tamén a esas outras tradicionalmente máis aceptadas —tamén prexudiciais— aínda que admitidas na nosa sociedade occidental, como o alcohol en calquera das súas variedades —do calimocho ao tumbadiós— ou o tabaco, por suposto.

Nese contorno social, o grupo de referencia do estudo estaba configurado por 11 adolescentes de entre 14 e 19 anos en diferentes estados de intoxicación ou, noutras palabras, de borracheira ou subidón.

Algúns exemplos das manifestacións sobre o tema que centrou a atención do grupo, a lingua galega, foron rexistradas na recolleita e clasificadas por categorías:

CATEGORÍA A: Desprezo pola lingua

1. Pero qué mierda, dejaros de ese rollo del gallego, que no estamos en la aldea.

2. Si hablas gallego, no te comes un rosco.

3. Gallego, gallego, aún si supiese hablar inglés...

CATEGORÍA B: Indiferenza

1. A mi, hip, el galleeeego me la sssuda. Pásssame el peta que el gallego me cooorta el rollo.

2. Paso, tío, mientras no me lo impongan, yo soy libre de pasar del gallego como de la mierda.

CATEGORÍA C: Agrado sentimental

1. Pues es muy bonito.

2. Mis abuelos siempre lo hablan y yo lo respeto porque me gusta.

3. El otro día vi un poeta gallego en la tele y estaba muy cachondo. Me moló.

CATEGORÍA D: Aproximación

1. Eu ás veces falo galego, cando me dá o punto.
2. A mí me gustaría hablarlo mejor porque no lo doy hablado bien.

CATEGORÍA E: Apego

1. É a miña lingua, aínda que case nunca a falo.
2. Ademais tamén falo galego porque eu quero ser funcionario algún día.

CATEGORÍA F: Identidade cultural

1. Eu falo galego porque son galega.
2. Antessss morrrrta que, hip, sssen lingua.
3. Eu penso como non sei quen que dicía iso de "Sen raíces non podes voar".

CATEGORÍA G: Compromiso

1. Por que carallo vou deixar de falar galego. Nin de coña.
2. El gallego es guai, a mí me mola más que el castellano, tío, o día menos pensado póñome a falar galego e xa non paro. Ves?

CATEGORÍA H: Conflito

1. Se volves dicir que o galego é unha merda, métoche unha hostia de vinte quilos.
2. Al gallego le quedan cuatro días, independentista del carallo.
3. Vai rañala, facha de merda.
4. Ao alcalde da Coruña había que cortarlle os... eles.

Cómpre significar que moitas das declaracións das 8 categorías que vimos de expor foron realizadas polas mesmas persoas. Así, ao comezo da recollida, I. L. M, rapaza de 15 anos, comezou expoñendo unha actitude de desprezo: "Dejaros de hostias que yo de política no entiendo", logo acabou declarando "Eu falo galego na casa, fóra dáme corte". E ao final mesmo: "Apóstoche unha birra a que a partir de agora che falo sempre en galego, paspán".

Este pequeno estudo reflicte un dos síntomas propios dunha situación social de conflito lingüístico: a CONTRADICIÓN e COMPLEXIDADE do problema.

En definitiva:

1. Nun estado de excitación como este afloran con toda a súa vitalidade as actitudes negativas, indiferentes e positivas cara á lingua galega, prevalecendo as que visibilizan un conflito entre a propia persoa adolescente e un idioma que, en diferente grao, se presenta como un tema de preocupación e unha vontade maioritaria de cara a CAMBIAR A SITUACIÓN ACTUAL.

2. Pódese comprobar que no estado de euforia o adolescente expresa un compromiso coa lingua en termos de optimismo, e que no estado típico de baixón xorde o pesimismo existencial galego: Non hai que facerlle, éche o que hai.

3. Este traballo de investigación, superficial, resultou inútil como proba científica, pois as múltiples contradicións dos adolescentes obxecto de estudo fannos con-

cluír que nunha situación de intoxicación etílica, flai, ou viaxe alucinatoria AS PERSOAS PODEN CHEGAR A FALAR SEN SABER O QUE DIN. E VICEVERSA.

O HOME AFORCADO

O home que se quería quitar a vida por amor saíu da casa cun adival e unha banqueta e comezou a camiñar buscando unha árbore onde deixar en paz dunha vez a morte. Tiña que acabar con aquel amor que non o deixava vivir. Xa non podía máis.

Subiu por unha encosta de pedras negras, baixou a un val de acivros e subiu un outeiro onde descansaba unha nube baixa.

Gustoulle a nube, branca e mol. E tivo unha idea. Subiu á banqueta, estricouse e amarrou a corda na nube cun nó ben seguro. Vestiu o nó na gorxa, mirou o mundo por última vez, tirou a baqueta dun puntapé e acabou co amor da súa vida.

A nube levouno pendurado polo outeiro abaixo e por riba do val de acivros, e subiu a costa de pedras negras e levouno polo gume do horizonte. Moita xente fregou os ollos e viu pasar aquel home aforcado dunha nube.

Hai quen di que ás veces sobre o val aparece un esqueleto aforcado nunha nube branca. Din que sucede cando rompe algun corazón. E que só o pode ver a xente que sofre por amor.

A LINGUA MÁIS DIFÍCIL

Naquel país, pequeno e practicamente descoñecido, había xente que tardaba anos e anos en se botar a falar na súa lingua.

Ninguén puido explicar nunca —nin os científicos da National Geographic, que foron os últimos en estudar a lingua de cabo a rabo— por que, mentres nas máis de 5.000 linguas do planeta a xente comeza a falar as primeiras palabras arredor dos 13 meses —de media, aproximadamente—, nesta lingua moita xente tardaba anos e anos e nalgúns casos máis anos en comezar a pronunciar as primeiras sílabas.

Descubriuse mesmo xente que nunca chegou a falar na súa lingua, na súa precisamente, e que, por outra parte, non tivo problemas para se iniciar e chegar a falar con fluidez outros idiomas, o que demostraba a fantástica dificultade da lingua daquel país único no mundo.

A xente que nunca chegaba a falala explicaba, na madurez ou na senectude das súas vidas e por tanto cando xa chegaran a reflexionar profundamente sobre o problema, que non se atrevían a falar a lingua porque aínda non estaban preparados; ou levando a man á cocorota e rascando co dedo índice dicían que lles parecía imposíbel ou que xa era demasiado tarde; ou, cunha vaga esperanza e confiando nas xeracións vindeiras, dicían A ver se os meus fillos o conseguen.

Dábanse algúns casos extraordinarios, si, de nenos e nenas precoces na aprendizaxe e uso do seu idioma, que chegaban á escola falando na súa lingua, se ben eran excepcións que confirmaban a regra: unha porcentaxe mínima entre a inmensa maioría dos que, acabados os estudos obrigatorios e mesmo os universitarios, non conseguían botarse a falar no idioma daquel inaudito país.

A xente que conseguía, por fin, algún día, e a pesar de todo, falar a lingua, animaba o resto a esforzarse un pouco máis, explicaban que si, que era posíbel, que supoñía un traballo considerábel, sobrehumano nalgúns casos, mais que o esforzo ao final pagaba a pena pois non todo o mundo podía dicir que era quen de falar a lingua máis difícil do mundo.

Era tan difícil que nas escolas mesmo había profesores e profesoras que non conseguían falala.

Era tan, tan difícil que case ninguén lle chamaba polo seu nome, por poñer o caso dunha palabra de uso común e corrente, ao cuberto cóncavo co que se come a sopa.

Era tan, tan, tan difícil que algunha xente nin sequera conseguía dicir Bo día, Ola, Boa noite ou Adeus.

Era unha lingua tan extremadamente difícil que mesmo había xente que, dada a dificultade e a frustración, acababa emigrando para outros países onde aprender a lingua non fose un problema.

UNHA MULLER E UN HOME NO CAMIÑO

Exterior, día. Nun camiño, no campo, unha muller entra pola esquerda e un home, pola dereita. Crúzanse.

—Bon día.

—Bon día.

Pasan, dubidan, deténense. Ela ofrece un sorriso.

—Queres un pouco de auga?

—Umm.

—Bonito día.

—Ahá. Precioso.

—Onde vas?

—Non, eu veño...

—E de onde vés?

—Veño dun país no que nunca estiven.

—Como?

—É difícil de explicar... Deixo atrás un país no que nunca vivín. Abandono un país que nunca pisei.

—Aaaah...

—...

—E non o estrañas?

—Non, porque non cheguei a coñecelo.

—Claro. E levas moito tempo camiñando?

—Uf, non sei moi ben, depende. Ás veces parece

que levo séculos; outras semella que acabo de pórme a andar. E ti de onde vés?

—Eu volvo.

—Volves?

—Si, volvo ao país no que sempre estiven.

—Eh?

—Si, regreso á terra que nunca deixei.

—Vaia... E fáltache moito para chegar?

—Nada, xa estou.

—Claro.

—E a ti?

—A min, que?

—Canto camiño che falta?

—(Encolle os ombros).

—Claro, ti marchas dun país no que nunca estiveches.

—Claro, non o coñezo...

—Teño aquí algo de xantar, queres?

—Umm.

—E como é iso de volver ao país no que xa estás?

—É como velo todo por vez primeira. Mira aquela montaña, é como se acabase de descubrila, como se nunca a vise antes, como se regresase dunha viaxe moi moi longa e iso que eu vivo aquí desde sempre. A miña emoción é inmensa, como se estivese descubrindo algo inesperado e, con todo, estou volvendo á miña casa. Este é o meu país, nunca lle dixen adeus, nunca marchei en barco polo mar adiante. Sempre vivín aquí. E agora regreso.

—Eu, como abandono un país no que nunca estiven, non teño moitas cousas que contar.

—...

—...

—En fin...

—Ummm (Suspiro).

—Ummm, veña, adeus e moita sorte.

—Veña logo, sorte.

Danse un beixo e vanse.

FALAR EN SOÑOS

Sempre o soubo, que unha parte considerábel das palabras que pronunciaba saían da súa boca mentres durmía.

Dixéranllo súa nai, seu pai, seu irmán, o primeiro mozo, o segundo e os sete amantes cos que compartira soños.

Hoxe falaches de noite..., dicíanlle.

E que dixen?, preguntaba ela con curiosidade.

Algo sobre unha avestruz, non fixen moito caso.

Hoxe falaches en soños, dicíanlle.

E que dicía?, preguntaba ela sempre como se tivese curiosidade polo que dixera outra persoa.

Algo sobre Istambul e un vendedor de reloxos afgáns.

Así que un día mercou unha desas gravadoras automáticas e unhas fitas e púxose a gravar.

A primeira noite non recolleu máis que silencio e o pitido do camión do lixo dando marcha atrás.

Mais a segunda noite escoitouse pronunciando dúas frases, cunha voz alta e clara.

—Métete nos teus asuntos. Déixame en paz.

Estivo dándolle voltas ao significado daquelas dúas frases. Con que estaría soñando e con quen estaría a falar en soños?

Á noite seguinte volveu pór a gravadora. Logo dos pitidos do camión do lixo, escoitou:

—Un pouco de intimidade, por favor. Ou me deixas en paz ou…

Ou?, pensou cando escoitou a gravación.

E deuse conta de que acababa de meterse nun problema consigo mesma.

Aínda así, a pesar do silencio ameazador que seguía ao *ou*…, volveu preparar a gravadora unha cuarta noite.

—É o último aviso —dixo a súa propia voz—. Se volves facelo, xúroche que ninguén vai poder durmir con tranquilidade ao teu lado. Hei dicir todas esas cousas que ti e mais eu sabemos, todo aquilo do que te avergonzas, os teus segredos e medos. Repito: Déixame en paz. Tes o dereito a non saber de que falas ou con quen ou sobre que mentres dormes.

Adeus para sempre.

E así foi como nunca máis lle preguntou a quen durmía con ela se entendera algo sobre o que falaba en soños.

AS NUBES

Hoxe a xente levaba nubes na cabeza. Quero dicir que pola rúa, no supermercado ou no autobús a xente tiña unha nube sobre os ombros en vez de cabeza. Moitos eran cirros brancos; outros, cúmulos grisallos. A xente máis triste levaba un pouco de néboa. E algunhas nubes chovían mollando o home ou a muller de abaixo. O xornal anunciábao: Nubes na cabeza para hoxe e mañá, con néboas ao mencer. As nubes móvense segundo as correntes de vento e arrastran suavemente as persoas debaixo. Algunhas entran nas casas ou cruzan sen mirar as estradas e os camiños de ferro. Ao solpor, as nubes, cando pasan diante do horizonte cara ao leste, vólvense vermellas. E o resto da xente preguntámonos Onde estarán as cabezas?

O CAN DE SABUCEDO

Chamábanlle Suspiro ao can de Sabucedo. A historia está oxidada e, se fecho os ollos, vexo o can negro e silandeiro besta ladrador. Tia María pariu dez veces e eran tempos de miseria. Ela era soa e linda como as mazás e amaba moito e cheiraba a fume e traía nenos ao mundo. O do mestre vello, o do mestre novo, o do guerrilleiro que amparou na casa, o do outro que mataron logo, o do afiador de coitelos, o do capador que lle facía sangue cos dentes na caluga, o do cigano de ollos verdes aí abaixo, o do cura, e os outros nenos e nenas que María traía ao mundo soa, á historia que temos entre as mans. Era sempre de noite o can negro de Sabucedo e chamábanlle Suspiro. E chamábanlle Suspiro porque nun suspiro levaba o último alento das vidas que ano tras ano lle botaba a muller que cheiraba a fume, naqueles tempos que a xente prefire olvidar.

A CABEZA VOADORA

Unha persoa, home ou muller, é indiferente, sae do aparcadoiro con dor de cabeza, conduce 100 quilómetros de vagariño, chega ao pé da montaña e bota a andar e anda e anda entre os castiñeiros e anda e anda onde os acivros e anda e anda e pouco a pouco a cabeza comeza a separarse do corpo un centímetro, dous, tres, e anda e anda e a cabeza vai subindo e separaaaándose dos ombros un metro, dous, e anda e anda entre os carballos coa cabeza á altura das copas e anda e anda e a cabeza sobe e sobe e pasa entre as nubes baixas e anda e anda polo prado e a cabeza vai entre as nubes altas e anda e anda polo camiño de pedra e a cabeza comeza a baixar pouco a pouco, e achégase ao corpo amodiño e anda e anda pola beira do río e a cabeza baixa e baixa e ao final do camiño a cabeza pousa nos ombros e a persoa abre a porta do coche, entra, mírase no retrovisor e conduce 100 quilómetros de volta.

OS HOMES DAS SULFATADORAS

Na curva do Lamagal vin o primeiro. Logo na subida de Sabrexo. E na curva entrando en Rois, outro. A cada pouco, mentres conducía tranquilamente entre os campos, ía aparecendo un home coa sulfatadora ás costas. Repartían ese azul que ás veces pinta a cor das uvas. O sulfato azul das sulfatadoras é como esa cor azul que aparece tamén sobre a pel dos tomates ou dos feixóns, como o azul que escorre entre a auga polo vertedeiro cando limpamos a verdura ás veces. E camiño á casa continuei atopando os homes das sulfatadoras, baleirando sobre os campos o sulfato azul como nun soño con homes sulfatando os campos con acuarela azul.

MADRITH

Tengo dos hijos, uno de dos y otro de cuatro años. Y ni en la guardería ni en el colegio les hablan castellano.

Aquí en Madrid, los jóvenes hablan cada vez menos español. Leí en un periódico el otro día que sólo un 5 por ciento de los jóvenes madrileños entre 16 y 21 años hablan español habitualmente. Lo cierto es que nuestro idioma no está pasando por buenos momentos. To lo contrario.

En la prensa, en la radio o la televisión el español tiene una presencia bastante baja. Por no decir que no hay revistas deportivas o del corazón en castellano, por ejemplo. Y si vas a una librería, los libros escritos en nuestra lengua siempre están al fondo, en una esquina, si log hay.

Hay mucha gente que piensa que el castellano es una lengua atrasada, poco fina, y a muchas personas les da verguenza hablarlo, les da corte. Hay gente de aquí, de Madrid de toda la vida, que dicen que el español no se les da nada bien, que es muy difícil o que se ven raros hablándolo.

En Madrid, si vas a una tienda de música, por ejemplo, es difícil que encuentres música de grupos que canten en castellano.

Y si vas al cine, uff, con suerte se estrena una película o dos al año rodadas en español.

La mayoría de la gente joven además tiene problemas para expresarse en castellano aunque es una asignatura que se cursa en la enseñanza obligatoria. En los institutos algunas materias se deben impartir en español, pero hay muchos profesores que se niegan a hacerlo, por no hablar de los centros privados y concertados...

Y lo peor eg que hay siudades como Toledo o Segovia en las que también es muy difícil escuchar el español en la calle, en las tiendas o en las discotecas.

También hay mucha gente que se manifiesta de vez en cuando en defensa del español, y colectivos en defensa de la normalización del idioma que reclaman que nuestra lengua deje de estar marginá socialmente. Que pasa, que la prensa y el gobierno les dice de radicales y cosas así.

Por otro lado, aunque hay gente que decide ponerse a hablar en español —sobre todo chicos y chicas jóvenes que descubren que es su lengua, la lengua de aquí, de Madrid—, es mayor el número de personas que aprendieron hablar en castellano y despues lo abandonan como un zapato viejo en el Manzanares.

Hay gente que habla en español con la familia y, cuando salen de casa, a trabajar o de compras o al médico o al banco, ya no lo hablan. Como si el español no sirviese para eso. Como si estuviesen acomplejados de su propia lengua y la tuviesen que esconder.

También hay muchos padres y madres que alomejó hablan en español entre ellos, pero a los hijos ya no.

Deben pensar que en español no les va a ir bien en la vida, porque para ellos el español no tiene prestigio.

En Madrid, si hablas castellano es porque vienes de la aldea o eres del Bloque Nacionalista Español, piensa alguna gente.

Y así, los que llegan de provincias lo primero que hacen es dejar de hablar español.

Mucha gente piensa que son las lenguas las que dan o quitan prestigio a las personas, cuando realmente es la gente la que prestigia o desprestigia un idioma, que lo he leído en un libro.

En fin.

Incluso hay quien disimula su acento madrileño porque piensa que suena mal.

Muy poca gente parece darse cuenta de que no hace muchos años en Madrid o en Valladolid todo el mundo hablaba español con absoluta normalidad. Y sin embargo los jóvenes, cuyos abuelos hablan en su mayoría español, consideran que el castellano no es moderno, que sólo es algo tradicional, como el cocido madrileño o el chotis.

La gente tampoco se da cuenta de que si hablas español puedes comunicarte con gente de Argentina o México o Guinea. Nada, ni siquiera parecen valorar que grandes escritores como Cervantes o Julio Cortázar escribieron sus libros en castellano.

Por otro lado incluso tenemos que aguantar a toda esa gente que les han cambiao el nombre a las ciudades, como el propio alcalde de Madrid, que desde hace unos años escribe Madrith en todos los documentos oficiales, carteles o señales, o incluso en unos setos gigantes de flores a la entrada de la ciudad por la M30.

Si vas por los barrios y te fijas, puedes ver que apenas hay cosas escritas en castellano. Desde los cartelitos de las tiendas hasta los grandes anuncios publicitarios, es muy difícil sentir la presencia de la lengua española en los espacios públicos.

Por cierto, disculparme si tengo algunas faltas de ortografía, pero es que el castellano normativo no se me dá nada bien. Y a veces escribo como siempre hemos hablao en casa.

Supongo que es una situación difícil de comprender pa alguien de fuera, pero estamos perdiendo nuestra lengua, y a no ser que esto empiece a cambiar... En fin, que es una situación un poco surrealista.

Y muy injusta.

Yo creo que la única manera de solucionar este problema sería que la gente tomase conciencia de lo que está pasando y empezase a valorar nuestra lengua propia. De hecho, antes de que esto empezase a suceder, Madrid era una ciudad próspera y orgullosa de ser una gran ciudad.

A mí me gustaría decirle a toda la gente que pasa del castellano que a ver si empiezan a valorar su cultura, que es lo que nos une. Y que valoren su lengua como una forma normal de vivir, de relacionarse, sin complejos, de progresar en el trabajo, de expresar sus sentimientos... En fin, como en cualquier lugar del mundo.

Yo tengo dos hijos, de dos y de cuatro años, ya lo he dicho, y me gustaría que creciesen en Madrid hablando español, como su padre, su madre, o como sus abuelos u bisabuelos y tatarabuelos, etcétera. Pero estoy preocupada por que en el colegio son los únicos que hablan castellano. Espero que aprendan a valorar su propia cultura, su identidad, pues ya se sabe que alguien que no tiene raíces no puede volar.

Me gustaría que, por un momento, toda esa gente que mira al castellano un poco de lado se pusiese en nuestro lugar y comprendiesen la importancia que tiene para nosotrog que se respeten nueghtrogh derechogh y nueghtra identidad.

O PAÍS QUE FALABA

Eu nacín neste país que semella un país como outro calquera. E efectivamente, así é, excepto para a xente que, coma min, nacemos aquí. Crecín neste país como puiden telo feito noutro. E aprendín a falar a lingua deste país, como puiden telo feito en calquera idioma de calquera pobo do mundo. Non hai nada de especial en todo isto, que lle sucede á maioría da xente, e non habería nada máis que contar se non fose porque un día sucedeu algo que, que eu saiba, nunca sucedera antes.

Polo camiño que me leva á casa atopei escrita na terra a palabra Ola.

Ola?, pensei, Talvez foi Ana Delgada quen o escribiu, que é a única que le libros por aquí. E sen embargo, non. Non fora ela. E souben que non fora ela cando ao chegar ao río vin a escuma da corrente debuxando a palabra Ola outra vez. Un Ola branco de escuma sobre a auga.

Despois, cando cheguei á casa, descubrín no tronco da nogueira como escrito á navalla un Ola recén aberto e con seiva húmida. Levei a man á cabeza e entrei na casa.

O único que puiden facer foi durmir. Sempre o fago cando non sei que pensar cos ollos abertos.

Ao día seguinte as follas do castiñeiro apareceron xusto ao pé da porta da casa debuxando un Bon día amarelo que desfixo unha brisa pequena.

Eu ollei o chan e contesteille á terra Bon día... E collín o camiño para ir á panadería.

A panadería fechara. Na porta atopeime con Ana Delgada e Tomás o Barbudo.

Marchaban! Vimos despedirnos... Un abrazo! Outro! Un bico! Outro! Toma a chave do forno, por se queres facer pan...

Ía dicirlles Boa sorte cando Ana me dixo Boa sorte. E eu estrañeime porque pensei que tiña que ser ao revés, que eran eles os que ían necesitar máis sorte... Claro que enseguida me dei conta de que non, cando comprendín que agora nesta parte do mundo só quedaba eu e que a miña aventura sería maior que a deles que, como toda a xente de aquí, marchaban fóra e lonxe deste país.

E pensei E agora con quen vou falar? E para escoitar a miña voz e irme acostumando dixen E agora con quen vou falar? E foi xusto nese momento cando no medio do camiño apareceron unhas pedras grises ordenadas en forma de palabra: COMIGO.

Así que sentei na beira do camiño e cos ollos máis abertos preguntei E ti quen es?

Contestoume unha ringleira de formigas que escribiron amodiño no chan Eu son a terra. Collín a última formiga do A nun dedo e, como eu xa non tiña palabras, dixo a miña terra formando as letras coas nubes brancas do ceo Por favor non te vaias.

Eu nunca pensara en irme. E así llo dixen. E conteille que a miña idea era ficar sempre aquí. Cando a xente canse de estar lonxe, xa volverá.

Ti que pensas do futuro?, pregunteille. O futuro non existe agora, dixo o meu país con flores vermellas abríndose nun prado verde.

Eu díxenlle que parecía un filósofo falando, e que eu realmente desas cousas non sabía. Aínda que si lle dixen, para filosofar un pouco e para quedar ben, que o pasado non nos valía xa de moito. E díxenlle Vou mercar unha vaca.

Desde aquela falamos todos os días. O meu país dime cousas interesantes e eu vouno coñecendo mellor.

Cando falo por teléfono coa xente que marchou, intentan convencerme de que vaia con eles. Que que fago aquí eu só. E eu dígolles que non, que realmente non estou só, e que ademais a min non me gustan as hamburguesas.

A VENDEDORA DE PALABRAS

—Ola, boa tarde.

—Boas.

—Eu quería unha palabra.

—Pois moi ben, trae algunha idea, algo en especial?

—O certo é que non...

—Témolas moi variadas... Agora estamos cunha oferta de nomes de flores...

—Ahá... É que a min as flores...

—Oquei.. E que clase de palabras lle gusta?

—Non sei, é que eu de palabras non entendo moito. Se me puidese orientar un pouco.

—A ver... Por exemplo, teño um adverbio incríbel. Non hai tradución exacta a ningunha lingua. E ten unha precisión indefinida que... En fin, é un diamante, un diamante único. Claro que..., tamén, ten prezo de diamante...

—Eu, eu é que quería algo máis..., menos...

—E un adxectivo?

—Non sei...

—A xente adoita levar adxectivos cualificativos para dicirlles cousas bonitas ás persoas que queren... Ou despectivos, para insultar de forma orixinal... Hai insultos que...

—Mmm...

—Non se preocupe, temos moita variedade... A ver...

—Escoite, e pode asegurarme que a palabra que leve non será un invento seu? Será unha palabra de verdade, non?

—Por suposto, garántolle que eu só vendo palabras reais, que existen, ou, mellor dito, que existiron. Cando eu vendo unha palabra, entrégolles a súa xenealoxía, unha definición precisa, transcrición fonética, o lugar onde foi recollida antes de que fose esquecida e o certificado de propiedade...

—Ahá...

—E os verbos? Os verbos son moi útiles...

—Si?

—Hainos moi dinámicos... E algúns son moi prácticos. Cun bo verbo pode chamarlle polo seu nome a unha acción que ao mellor fai todos os días sen saber como se chama. Ademais andan ben de prezo...

—Eu traio estes cartos... Chega?

—A ver... Umm, con este diñeiro pode mercar dúas palabras de primeira.

—Pois veña, un verbo.

—Gústalle o campo?

—Ahá, moito.

—E as árbores?

—As árbores encántanme.

—Subiu algunha vez a unha árbore?

—De nena subía e perdíame entre as follas. Unha vez fiquei durmida nunha. Era un..., vaia, non me acordo do seu nome.

—E gustaríalle saber a palabra que significa "Subir a unha árbore impulsándose cos brazos e as pernas"?

—Hai unha palabra para iso?

—Hai.

—Que curioso, eu sempre dixen "Vou subir a unha árbore". Nunca imaxinei que se podía dicir doutra maneira.

—Ben, ás veces esta palabra tamén pode empregarse cando se sobe a outras cousas, como a un tellado... Aínda que o seu uso máis interesante, o máis apropiado, é cando se utiliza para subir ás árbores... E se decide volver subir ás árbores e lembrar vellos tempos, esta palabra pode ser unha boa compra.

—Veña, mércolla. Que palabra é?

—Agarde un momento, por favor, non me acordo exactamente. Levaba un uve ou un be, sempre as confundo... Vou buscala. Téñoa na trastenda... Aquí está. Teña.

—A ver... Ahá, é bonita. E soa ben. Gústame.

—Nese papel vaille toda a información precisa: a conxugación completa, a súa historia e algúns exemplos de uso...

—Vaia... Mire, o certo é que eu, ademais desta, viña mercar unha palabra especial, sabe.

—Especial?

—Si, quería mercar primeiro unha palabra para probar, porque é a primeira vez que merco unha palabra, a ver se me convencía, mais eu realmente necesitaba outra palabra... Eu en realidade estaba interesada en...

—Dígame...

—Ten nomes de persoa?

—Son a miña especialidade! Encántanme. Son tan, tan persoais... De home ou de muller?

—De muller. É que, sabe, estou de catro meses e os nomes que coñezo non...

—Xa, son todos iguais... Pois téñolle uns nomes de muller ben bonitos. Algúns son preciosos. E se merca un, a nena que o leve estará orgullosa do seu nome toda a vida.

—E, desculpe a desconfianza, non haberá ninguén que se chame así...

—Por suposto, xa llo dixen, eu só vendo palabras en exclusiva. A súa filla será a primeira en ter ese nome desde hai moito, moito tempo. E, talvez, quen sabe, o nome se pon de moda e en poucos anos hai un monte de nenas que se chaman así... Mais a súa filla será a primeira... Ten toda a garantía.

—Ahá.

—Eu sempre o dixen, o nome dun fillo ou dunha filla é unha das palabras máis importantes...

—E podería elixir?

—Non, a non ser que queira mercar dous ou tres nomes e escoller un...

—Pois vou arriscarme. Deame entón un nome para a miña filla.

—Aquí teño o armario cos nomes de muller... Quere meter a man e sacar un ao chou?

—Vale.

—Veña...

—Vou fechar os ollos... A ver se teño sorte. Este!

—Moi ben.

—Oh!

—Gústalle?

—É..., é precioso. É moi, moi bonito, tiña razón. Creo que nunca me vou cansar de repetilo. Mire, teño unha bágoa neste ollo.

—Alégrome. Acaba de facer unha boa compra.

—Aquí ten.

—E aquí ten o cambio...

—Ahá.

—Envólvollas?

—Non, xa as levo así...

—Pois boas tardes e xa sabe, cando necesite unha palabra, veña por aquí.

—Boas tardes.

—Boas tardes.

Es unha desas persoas que sempre buscan escusas...?

Me da corte

Es que no me sale...

Es que me suena mal...

CHEGOU A SOLUCIÓN!

APRENDE GALEGO NUNHA HORA!

NON O DUBIDES!

FÁCIL E INFALÍBEL!

MERCA O LIBRO

"MÉTODO DE AUTOHIPNOSE PARA FALAR GALEGO"

DO EMINENTE PSICOLINGÜISTA SÉCHU SENDE

E CAMBIA A TÚA VIDA!

ERA O QUE FALTABA!

ADEMAIS, COS PRIMEIROS 50.000 EXEMPLARES,

UN PÉNDULO DE AGASALLO!

Recomendado pola Consellaría de Sanidade
e a Secretaría Xeral de Política Lingüística

UM LUGAR SEM PALAVRAS

Deixei Istambul num autobus oxidado. Despois em Iznik colhim o caminho de ferro e cruzei o páramo que envolve Ankara fotografando postes de luz e vacas magras.

Muitas horas despois de ter passado a Capadocia, espertei numha estaçom sem nome. A chegada dum europeu a aquela vila do leste de Turquia causava mais expectaçom que a chegada dum circo à minha cidade. O meu elefante era a minha cámara de fotos, que os nenos sinalavam rogando-me para lhes tirar um retrato que nunca chegariam a ver.

Essa noite durmim na única pensom da vila e à manhá seguinte perguntei-lhe ao dono do negócio, que era o alcalde, por umha aldeia na que nunca pisara um estrangeiro. Entornou um olho e ficou pensativo.

—Varba, dixo.

—Varba, repetim eu.

Explicou-me que ficava muito longe, nas montanhas, mas que era umha aldeia maldita.

—Naquela aldeia nom há palavras. Ninguém fala, ninguém escreve nunca...

O anciao Matur é o único que sabia como ir a Varba. Era cego. Acompanhou-me caminhando moi devagar os dous dias de viagem até Varba. Ao chegar, dixo-me Aí, com o dedo, e deu meia volta, logo de eu lhe pagar o dobre do que pensei que podia esperar.

Varba tinha as casas brancas e os telhados e as portas pintados de azul. Saiu a receber-me umha mulher de pano na cabeça, de seda branca, que me deu a mao e me achegou a umha sombra para me convidar a um chá. Tudo isto sucedeu em completo silêncio. Também eu nom falei nada, precavida pola história que me contara o alcalde de Ratban.

Havia moitos anos o governador daqueles vales exercera, como se ordenava desde a capital, umha cruel repressom sobre as aldeias kurdas da província. Assassinaram-se famílias enteiras e milleiros de pessoas foram encarceradas, torturadas ou deportadas. Muita gente fugiu ao sul naqueles anos e a que ficou deixou os vales e buscou refúgio nas montanhas.

"Mas aquel governador nom saciara a sua vontade de destruiçom e ideou outra forma de repressom.

"Logo de perseguir até a última cova aos fugidos e passar moita gente a coitelo, aos poucos superviventes decidiu confina-los numha aldeia e proibiu baixo pena de morte a língua kurda.

"As sesenta pessoas que fundaram Varba jurárom daquela nom voltar empregar nengumha língua. Se se proibia a sua, nom falariam mais. Nem na sua língua, nem em nengumha outra, de forma oral ou escrita, falada, cantada ou lida".

Assi passaram os anos e a promessa do silêncio, de geraçom em geraçom. E naquela aldea refugiárom-se no silêncio do poder da tirania e das tiranias que seguiron a aquela.

Nengumha carta, escrito legal ou documento de nengumha caste foi nunca lido em Varba. E as pessoas que chegárom á aldeia —o topógrafo de 1917, o cartógrafo de 1923, o professor estatal de 1945 ou o inspector de fazenda de 1970—, marchavam dela levando consigo a hospitalidade do absoluto siléncio.

O primeiro dia dei-me conta de que na própria aldeia ninguém podia saber o nome daquel lugar, que Varba era um topónimo desconhecido entre os seus próprios habitantes, que por outra parte também careciam de nomes, alcumes ou apelidos.

As primeiras mulheres novas que conhecim cantárom para mim cançons sem palavras, com sons vocálicos e asubios melodiosos, em tanto os rapaces novos batiam nos seus tambores de pel de cabra.

Seda Branca, como chamei para mim á mulher que me recebera, hospedou-me na sua casa, onde, numha corte abandonada, montei o meu pequeno estudo fotográfico.

A gente tinha a língua tingida de negro, com uma espécie de gena que a cobria com umha tatuagem escura. Na gente mais nova —mesmo num neno de poucos meses— era mui intensa e nas pessoas maiores tirava ao gris descolorido.

Às vezes semelhava que dentro da boca nom havia língua.

Fotografei todo o mundo, case um cento de pessoas, e, quando revelei cada retrato em pequenos anacos de papel, aquela gente descobreu marabilhada a fotografia.

A segunda semana comecei a saber mover as maos para representar alguns conceitos. Comida sólida, leite, cabra, neno e nena —indistintamente— e cousas assi.

Com o filho de Seda Branca, a quem aprendim os mistérios da cámara fotográfica e do quarto escuro, continuei a minha aprendizagem da comunicaçom em siléncio.

Mas pouco a pouco fum deixando de fotografar a vida em Varba. Aborreceu-me olhar pola cámara de fotos, que paralizava os movimentos. Porque nos movimentos estava a comunicaçom. Sem olhos ninguém poderia sobreviver em Varba. Todo se transmitia com sinais visuais. As mensagens de fume quando os pastores estavam a vários quilómetros entre si tinham a sua lógica, que eu nom cheguei a conhecer. As cores da roupa das mulheres e dos homes também comunicavam cousas e ideias. Um pano azul na cabeça significa Estou feliz ou Namorada. As médias de lá de homes e mulheres tingidas de cores diferentes podiam significar centos de cousas segundo as combinaçons.

Estas só som algumhas curiosidades daquela forma de convívio que fazia que a gente tivesse dificuldade em se comunicar comigo e eu de me comunicar com a gente, desconhecedora, nos primeiros meses da vida na aldeia, do idioma sem palavras, que por exemplo tinha além da visual outras dimensons, menos desenvolvidas, como o tacto —a mao aberta que che tendia alguém para que ti chocasses com a tua própria mao aberta significava bom dia; com o punho fechado, boa noite.

Com o filho de Seda Branca, que eu chamei para mim Luz, aprendim a comunicar-me através do sentido do gosto. El um dia ofereceu-me a sua boca com azucre e eu lambim nela com a língua. Assi nos diximos que o que havia entre nós era o que eu entendim como amor.

Seda Branca perguntou-me um dia por que eu elegera perder as minhas palavras.

O dia que Luz trouxo o tinte negro e as agulhas de cana para me tingir a língua, decidim voltar a falar. Chorámos os dous nesse momento e, quando me fum despedir de Seda Branca, e dos amigos e amigas que fixera na aldeia, também chorei. Antes de deixar a aldeia, quando apertei a Seda Branca perguntei-lhe com as maos por qué nom recuperavam as palavras.

E ela contestou movendo as suas maos e abrindo a olhada a umha lágrima Porque no-las roubárom. Algum dia terám de devolver-no-las e pedir perdom.

Eu nunca serei *yo*

SSSSSH

O seu traballo era facer calar. Levaba o índice aos labios e facía ssssh, dicindo Por favor coa ollada.

Traballaba na biblioteca había xa dez anos mantendo o silencio entre a xente e pasaba oito horas ao día sen dicir nin unha palabra. Ás veces cando alguén non atendía o ssssh facía chisss ou tusía ou facía ehem ou um! ou ouh, ou o-ó, facendo non coa cabeza ou, moi poucas veces, daba unha palmada xorda para chamar a atención.

Ás veces, segundo as circunstancias, alongaba o sssssssssssssssshh, por exemplo nas visitas infantís; outras chegaba un autoritario sh! para facer calar a quen fose.

Para dar exemplo, cando se comunicaba coa xente da limpeza ou co resto do persoal ou cos visitantes máis asiduos, para saudar chiscaba un ollo ou os abría moito erguendo as cellas ou levantaba a man ou apertaba os labios estirando o pescozo ou elixía calquera dos acenos do seu código, que fora elaborado día a día no silencio.

—Sssssshhhh.

A xente respondía ups, ou ui ou oi! Ou, sen dicir nin mu, pedía desculpas movendo os ollos ou levando a man á boca ou sorrindo con complicidade.

Tamén había, moi poucas, persoas que respondían Beh ou Boh ou Bah e poñían mala cara por ter que perder no aire calquera palabra.

Cando escoitaba o bla, bla, bla..., achegábase uns pasos, facíase ver, podía erguer un brazo como se chamase un taxi, e dicía sssshh.

Unha noite contou as palabras que pronunciara ao longo dese día. Foran tres: Bon día e Chao, cando pagou no supermercado.

Á noite seguinte foran sete: Bon día, Chao —no súper—, e Parece que vai chover, no ascensor.

Cando se metía na cama, escribía as palabras pronunciadas: os días máis faladores, unhas trinta ou corenta; ningunha ou dúas ou tres, a maioría.

Fixo aquilo durante un ano e ao final contou 4.123 palabras. Desas, 1.327 eran chaos e entre as outras 2.323 chamoulle a atención non atopar a palabra Amor.

Decidiu entón deixar de apuntar as palabras ao final do día. Apuntaría os sssh, os chis, os ehems e os outros sons que describía e explicaba no seu caderno, que se converteu nun dicionario de ruídos e onomatopeas.

Ás veces para comprender mellor o significado do significante transcribía o son e mais a súa explicación, que ordenaba como nun diario enciclopédico dos ruídos.

Martes, 23 de setembro.

Aubuuuuuuuhk, ao abrir os ollos, estricarme e bocexar.

Uupa, saio da cama.

Mmmum, o café con leite.

Ho-hó, ko-hó, tuso.

Auch, tropecei cun chanzo subindo á biblioteca.

Glups, cando o vin a el entrar na sala do surrealismo.

Puff, cando me preguntou se estaba cansa.

Ahá, para contestarlle que si, que nos veriamos na cafetería ás 12.00.

Ei!, saudándoo ás 12.00.

—Muac, muab, na meixela, moi preto da boca.

—Como che vai o día?

—Brrr...

—Si, deberían prender xa a calefacción.

—Uhu.

—Sabes, é curioso, todo o mundo di que es unha muller de poucas palabras, e sen embargo, non sei, é facil falar contigo.

—Hm?

—Si, si, pero sabes, gustaríame escoitarche dicir algo e...

—Sssssssssssssssssh —puxen o dedo nos seus labios e baixei os ollos. Retirei a man.

—Ás veces as palabras sobran —dixen.

—Ti cres?

—Ahá.

—E non as botas en falla?

—O-ó.

—O-ó?

—Ahá.

—A min cústame tanto ficar calado... Falo e falo. Miña mai dicía que era porque comera moita lingua durante o embarazo. Era o seu único antollo. Ademais, era moi devota de san Román...

—Eh?

—Nada, que din que lle cortaron a lingua e que seguiu falando, predicando, até que o mataron.

—Uffff...

—Iso digo eu, uffff. Mmmm, este café está boísimo.

—Mmmm —dixen eu, mirándolle os ollos.

E continuamos á tardiña na súa casa.

—Mmmm, iiiiiih, coa súa boca no meu pescozo.

—Así?

—Ahá...

—Rrrr —dicía baixándome polos ombros.

—Uuuuhhh.

—Grrrrrrrrrrr.

—Ouuuuuuuuuuuu.

—Grrrrrrauuuu.

—Osssssssssssss.

—Así, si, moi...

—Ssssssssssssssshh.

—Gust...

—Sssssh!

—Si...

—Chs!

—Auuuuummmmm.

—Orf.

—Arf.

—Orf.

—Aooorf.

—Aaaaaarf.

—Aoooooorf.

—Aaaaaaaaaarf.

—Orf.

—Umm.

—Orf.
—Umm.
—Og.
—Uf.
—Og.
—Uuh.
—Of.
—Uuuh.
—Fff.
—Ooh.
—Af.
—Aaah.
—Aaaagh.
—Aaaaaaaag.
—Aaaaaaaaaauhg.
—Aaaaaaaaaaaaaaaahhh!
—Uf...
—Uf...
—Que t...?
—Ssssssssssssshhh. Muac.
—Mmm.
—Mmmmmm...

Non estivera mal, mais falaba demasiado. Así que comezou a poñer escusas para non pasar pola cafetería no seu descanso da mañá.

Chegou á conclusión de que os homes falaban demasiado e descubriu que podía distraerse fóra do traballo facendo o que máis lle gustaba.

Agora é fácil atopala no cine, nos concertos de clásica, no teatro, nos museos, nos campionatos de xadrez, nas conferencias sobre botánica, nas salas de espera dos dentistas, nos hospitais, nos tanatorios e nos cemiterios facendo sssssssssh cando alguén comeza a romper o silencio.

O SEÑOR DO TRAXE GRIS

O señor do traxe gris sentou e asinou un papel. Ao pouco morreu a colonia de paxaros de prata das Ilhas do Norte. Logo telefonou e dixo Si. E desapareceron as árbores que falan na Fraga da Gente. Volveu asinar outro papel e a Montanha de Vento da Serra de Nós saltou polos aires e milleiros de camións levaron a pedra lonxe, a outro país. O señor do traxe gris enviou un fax e desapareceu a auga dos Ríos Pequenos e enviou outro fax e desapareceu a vida dos Ríos Grandes. O señor do traxe gris continuou a asinar papeis e, a medida que falaba por teléfono, o país facíase máis pequeno. Outra sinatura fixo que moitos homes saísen ao monte matar os xabaríns todos; e outra ordenou que as vacas deixasen de dar leite, e outra, cortar as oliveiras todas do país. E continuou asinando papeis e falando e falando por teléfono e nin parou para xantar. Que ninguén me interrompa!, berrou á noitiña cando alguén lle susurrou que debía descansar. E berrou Que ninguén me moleste! á mañá seguinte cando escoitou xente berrando e petando na porta e berrando e berrando con medo durante un día enteiro. E continuou lendo e asinando papeis e falando por teléfono e traballou infatigábel tres días seguidos e o país ía facéndose máis pequeno e máis pequeno e máis. Cando se levantou e mirou pola xanela, o país xa non existía. E o señor do traxe gris colleu aire, asinou o último papel e morreu.

O CABALO E A NÉBOA

O cabalo era gris e agardaba por min. Cando cheguei ao río, atrás viña a morte cun xersei arco iris e un machete na man. Tres libélulas negras volvéronse azuis, eu subín ao cabalo manso como a néboa e entramos no río para cruzar a corrente. O cabalo mollado brillaba como un ferro e a morte na ribeira miroume con ira. Exclamou o meu nome coa estridencia dun porco e eu avancei devagar de cara á liberdade. Vin tres mulleres chorar na beira de enfronte, e entre elas estaba a muller que eu amo. O noso amor é máis forte que o amor dos soños. Choraba o meu nome vestida de azul, alongando as mans como ao deitarnos xuntos, e arrincábase o pelo como se estivese louca. Eu lembrei a lenda do cabalo de néboa e o cabalo fitoume por un ollo de sangue; a súa pel prateada transformouse en brétema, pola metade fendeu e disipouse no río no brumeiral na néboa no val da morte. Atoparon o meu corpo aboiando ao pé do arco iris.

DIÓXENES

Aos trinta anos Dióxenes matou sen querer un ourizo na estrada. Nunha curva á dereita Ostia! pasoulle a roda da bicicleta por riba e esmagouno pola parte da cabeza.

Recolleu o corpo pequeno e quente e fíxolle un burato na terra e botoulle terra por riba con vinte ou trinta bágoas.

Apenas durmiu esa noite e ao día seguinte contoullo a Ernesto, o do taller de chapa e pintura. Díxolle Apenas durmín esta noite e decidín algo estraño.

Esa tarde saíu coa bicicleta pola estrada do oeste. A alguén se lle ocorreu algunha vez facer o cálculo?, pensou. Matemáticas e palabras, pensou, e pensou outras cousas sobre a morte como qué sentiría ao ir recollendo das mans da primavera os corpos esmagados dos animais nas estradas.

Cando atopaba un cadáver, tiraba da mochila unha espátula de albanel e cavábaIle na terra un pozo onde o soterrar. E tomaba nota nunha libretiña pequena.

1 pardal, melancolía

escribiu na primeira páxina. E ao final do día leu o reconto como se fose unha páxina de necrolóxicas dun xornal. Así foi a primeira xornada, logo de percorrer cen quilómetros:

Xoves

4 pardais
5 ourizos
8 cobras
1 coello
1 raposo moi grande
2 ras ou sapos
3 gatos
1 can
2 esquíos
2 corvos
mortos
na estrada que leva ao mar

A pesar de que os animais mortos da estrada non son normalmente un tema de conversación demasiado interesante, ás veces cando alguén o vía anicarse ao lado dun pelello esmagado no asfalto, achegábase a el con curiosidade.

—Ola, señor, parece que vai chover, eh? —díxolle un vello un día cando estaba axeonllado sobre un ourizo cacho estripado nun cambio de rasante...

E iso quería dicir, claro, mais con outras palabras Ola, señor, e logo que anda a facer aí de xeonllos por este lugar?

—Son investigador, é confidencial —dicía el, pensando que esa era a mellor evasiva para evitar máis explicacións. E apuntaba en silencio na libreta 1 ourizo soidade.

Logo erguía a ollada cara ao horizonte e murmuraba seriamente Hai cousas difíciles de explicar...

E o vello dicía Ah...

E en silencio soterraba o animal, montaba na bici e seguía pedaleando. Con esa explicación breve e a actitude distante, a xente normalmente ficaba intrigada, mais case nunca ninguén se atrevía a seguir preguntando. Porque todo o mundo sabe que non se debe molestar a un investigador concentrado no sisudo exercicio do seu traballo etcétera etcétera.

Dióxenes tiña que mostrarse distante porque sabía que se simplemente dixese a verdade, Estou contado animais mortos, a xente pensaría que era un tolo como os que falan coas moscas ou levan pedras nas mans.

Mais, unha vez que atopou un gato negro esmagado, unha moza preguntoulle...

—E para quen traballa?

—Umm —guturou Dióxenes como pensando Non me molestes...

—Traballa para o goberno? —dixo ela cun sorriso aberto que Dióxenes non viu porque estaba acabando de botar terra no burato.

—De Sanidade talvez? —insistiu ela.

—Veño da Universidade, ehem, estou computando... —Dióxenes dicía computando porque xa se sabe que así é como lle chaman os científicos a contar—; estou computando, ehem, decesos ou óbitos da fauna...

—E de que Facultade? —insistiu a rapaza, con curiosidade. Dióxenes pensou A curiosidade matou este gato, e quixo dicirlle A curiosidade matou este gato... e díxolle, Ehem, é un convenio entre a Facultade de Letras e a de Bioloxía. É un proxecto para un proxecto —valla a redundancia, pensou a rapaza— sobre as Fontes da Poesía Moderna.

—Ah... —dixo a rapaza abrindo moito a boca. E Dióxenes montou na bicicleta e marchou pedaleando coa cabeza ergueita.

—Oíu, agarde —escoitou, era a rapaza, claro, e mirou atrás e deixou de pedalear. Umm... pensou Dióxenes, que quererá agora...

—Aí diante vai ver unha mancha de sangue... Ao mellor interésalle para o seu proxecto... Precisamente está mañá un camión pasou por riba dunha vaca por culpa da néboa.

—Ahá. Interesante, sacou o caderno e apuntou debaixo de 1 gato con letras estiradas de investigador:

1 vaca.

—Mais xa a levaron...

—E era unha vaca grande? Ehem... É dicir, Era voluminosa?

—Era unha vaca tamaño vaca, sabe, e quedou esmagada igual que un gato. Chof. O camión era un tráiler que traía aceiro de Finlandia e tripouna e parecía unha desas alfombras indias con cabeza de tigre mais con pintas negras e a cabeza dunha vacabrrrrr —pasou un camión nese momento— suíza...

—Suicida?

—Non, non, suíza.

—Ahá, así que suíza, eh, interesante —susurrou e levou o lapis á lingua e anotou na súa libretiña detrás de 1 vaca a palabra suíza. 1 vaca suíza, repetiu.

—Estoulle moi agradecido —díxolle Dióxenes á rapaza. Mirouna. Arredor dela brillou o sol, como un raio transparente, como nun poema, pensou. E chiscoulle un ollo, si, chiscoulle un ollo. Un científico chiscando un ollo! Arrepentiuse. Baixou a ollada colorado. E agora debo continuar coa miña investigación...

Cando ás tres semanas acabou coa última páxina da libretiña, regresou á casa fatigado polo peso da tristeza dos números. E maniotas nos dedos de tanto frear.

Fixo a media aritmética dos cadáveres mortos por cada 100 quilómetros. Logo procurou o número de quilómetros da rede de estradas do país: 16.950. E co seu lapis, desgastado e pequeno xa como o dedo maimiño, fixo a regra de tres:

Se cada 100 quilómetros morren 20 animais ao día —sen contar os insectos e outras especies difíciles de contar—, pensou, en 16.950 quilómetros morrerán X animais ao día.

Ehem, lambeu a punta do lapis, fixo lentamente a operación e escribiu X = 3.390.

É dicir, 3.390 por 365 días do ano:

1.237.350 animais mortos.

Despois fixo unha clasificación fúnebre, veulle á cabeza a palabra fúnebre e escribiu finalmente:

Cada día morren nas estradas do noso país, aproximadamente:

700 ourizos
150 coellos
124 lebres
76 cans

57 gatos
81 toupas
2 lontras
28 raposos
94 esquíos
890 cobras
79 pegas
21 corvos
990 ras e outros anfibios
18 bubelas
139 pardais
24 azores e outras rapaces
22 mouchos
74 outros.

E algunha vaca suíza.

NH POSITIVO

—Olá, letra ñ.

—Ola...

—Eu som a letra ene e esta é o agá... Somos o ene-agá.

—Nh?

—Positivo.

—Anda!, pois encantada.

—Igualmente.

—E que tal?

—Pois tirando...

—E logo?

—A ver, é que temos um problema. Nós também representamos a nasal palatal...

—Claro, vós sodes a competencia... Téñovos visto nalgunha pintada por aí...

—Ahá, as pintadas dam-se-nos bem...

—Véxovos moito nos sinais de topónimos, escritas por riba de min, por certo, con spray: Minho, A Corunha... E así.

—Pois...

—Ou nos muros, así en grande, "O único caminho é a luita"...

—Todo um clássico...

—E que contades logo?

—Pois nada, que estamos fartas..

—...?

—É que levamos umha cheia de anos assi, fora da lei, e isto já tem que mudar...

—...?

—Boh, já o sabes ti bem, que já estamos fartas da censura...

—A ver, eu polo que sei en Galicia a exclusiva legal da representación escrita da nasal palatal téñoa eu..., que teño contrato indefinido co goberno desde..., desde 1981.

—Já, por isso é que nós pensamos que as cousas tenhem que mudar... Levamos anos e anos a ver se se nos reconhece como letras de pleno direito da nossa língua aqui, na Galiza...

—Mmm...

—Sabes, é que há muita gente que prefere escrever con nh, que, despois de pensa-lo um pouco, cren que eu tenho todo o direito do mundo a ser legal... E, claro, querem que além de aparecer nos muros, que é mui interessante, podamos sair também em papeis da administraçom, ou nos livros de texto, ou na tele, eu que sei..., como qualquer letra de qualquer idioma...

—Umm, pois non sei, porque, a ver, iso que se di por aí... Vós non sodes portuguesas?

—Pois eu son-che de Noia de toda a vida e esta naceu em Mondonhedo... Isso si, ter temos umha curmá de enfermeira em Portugal, e um tio avó que emigrou ao Brasil.

—Ah, xa, xa...

—Por certo, sabes, também há muita gente que di que, ehem, como cho podo dizer sem ofender..., que pensa que ti nom es umha letra galega. Muita gente pensa que o ñ é umha letra española de sempre.

—Eu!, española eu!?

—Ahá, de toda a vida, ou castelá, como prefiras...

—Pois eu que queres que che diga... A min chamáronme para traballar aquí, en Galicia, alá polo século XIX, que xa estivera eu de paso por aquí na Idade Media, e iso, como no Rexurdimento necesitaban letras para escribir en galego, e como eu xa tiña experiencia polo español, pois comecei a aparecer nos libros e xa vedes, non parei de traballar.

—Claro.

—Claro que?

—Pois que no século XIX a gente a nós nom nos conhecia, esquecérom-se de nós, estávamos exiliadas...

—Exiladas?

—Ahá, em Portugal. As letras galegas tivemos que marchar de aqui... Durante séculos aqui na Galiza nom se podia escrever mais que em castelám... Sabes o duro que é para umha letra ter que abandonar o seu país?

—Ti estás a falar de política, non? Eu diso non entendo...

—Já, já...

—Entón?

—Pois nada, que vínhamos explicar-che a nossa situaçom, assi, persoalmente, com toda confianza...

—...

—...

—E ti non falas?

—Nom, que é muda.

—...

—...

—Pois que queredes que vos diga. Problema, problema, non é o meu problema. Iso é cousa dos políticos, supoño, ou da xente... Eu só son unha letra.

—Vale, vale... Mas tes que comprender a nossa situaçom...

—E digo eu, e se o ene-agá fose legal, isto non sería un caos...?

—Mulher, o que é um caos é o que sucede agora, com toda essa gente a escrever na sua língua com umhas letras que estám proibidas no seu próprio país... Isso si que é...

—...

—...

—Mira, eu teño o meu contrato coa Xunta, o meu convenio laboral e que queres que che diga...

—Já.

—Pois...

—Pois nada, já nos veremos.

—Pois, abur.

—Pois, aburinho.

A PRIMEIRA BONECA QUE FALA GALEGO

—Ola, ola, ola!!!, amigos e amigas de Radio Fusión, aquí chegamos, á terra dos Antípodas, An-tí-po-das!! O voso programa favorito... Eu son Belén Regueira, por aquí tamén anda Tomás Lijó e hoxe, como sempre, temos graaaandes sorpresas... Escoiten, escoiten, a ver quen está hoxe con nós... Ola, Ola, boa tarde, ehem, é vostede... a primeira boneca que fala galego?

—Por favor, fálame de ti... Aínda son unha nena...

—Pois, iso, así que ti es a primeira boneca que fala galego?

—Ahá..., si, ehem, chámome Maruxa e si, son a primeira boneca que fala galego...

—De veras, parece incríbel mais non o é... é real, moi, moi real... E, polo que parece, Maruxa non é unha desas bonecas que repiten tres frases, as tres de sempre, pedindo que lle dean un bico, ou que queren pipí ou dicindo que nos queren moito... Non, Maruxa, ti, realmente, ti falas...

—Pois si, eu podo dicir o que queira en cada momento. Mira, non teño ningunha casete na barriga, toca, toca, ves?, e non, non teño catro frases gravadas... Non, eu pertenzo á última xeración de bonecas, eu sei falar, como podedes comprobar.

—Moi ben, o certo é que a xente que está aí escoitando a radio non pode ver a Maruxa, a radio ten estas cousas, mais vou intentar describila... Pois... Maruxa é unha boneca tipo boneca pepona, ten un vestido azul, o pelo moreno, os ollos negros e grandes e, non sei, unhas coloriñas así na meixela, uns zapatiños de charón... E ten un sorriso precioso...

—Oi, por favor...

—Por certo, Maruxa, falas galego, precisamente galego...

—Pois si, eu son a primeira boneca que fala galego porque o certo é que había esa necesidade. Hai moito tempo que a xente esperaba poder ter unha boneca que dixese Quero facer pis, ou Dáme un bico, dáme un beixo, ou Quérote moito... Ademais parece ser que cada vez hai menos pais e nais que falan galego cos fillos ou as fillas e xa ves, aquí estou eu...

—En fin, é marabilloso... E é moi difícil poder ter unha boneca Maruxa, coma ti?

—Pois mirade, a partir de mañá estamos en todas as xoguetarías do país... Saímos cinco mil unidades e parece ser, segundo o estudo de mercado, que hai moita, moita demanda... Ademais, teño un prezo moi económico...

—E como te sentes ti, persoalmente, a piques de entrar nun fogar galego para facerlle compaña a un neno ou a unha nena...?

—Eu quería dicir que si, que son a primeira boneca que fala galego, e que sei dicir Quero pis ou Quérote e moitas, moitas outras cousas, como estades vendo, de forma espontánea, mais... Mais non podemos esquecer que no fondo, antes de nada, eu só son unha boneca, un obxecto que si, podo falar e esas cousas, mais simplemente un obxecto. Teño a sorte de poder falar debido á tecnoloxía e iso, mais eu só son unha boneca, repito, como as de toda a vida, e estou aquí para facer compaña, agarimar, e querer e ser querida...

—O certo é que as bonecas son algo importante na nosa vida... Eu tiven unha de pequeno, dáballe beixiños, falaba con ela, durmiamos xuntiños... Eramos inseparábeis... Ai, que tempos aqueles!

—Sabedes, eu son tan feliz de ser unha boneca... Penso que son a mellor cousa que podería ter sido... Non me cambiaba por nada...

—Ai, unha cousa, e sabes cantar?

—Pois si... queredes que cante algo...?

—Veña...

(CANTA O "GHAI GHAI")

—Moi ben, moitas grazas, obrigado, Maruxa, mañá mesmo vou a unha xoguetería e merco unha coma ti para a miña afillada Candela...

—Pois estouvos moi agradecida por convidarme a falar na radio, e quería dicirlle á xente que escoita que xa sabe, que non se preocupe, que, se non queren falarlles galego aos seus fillos e fillas, que non pasa nada..., ben, si que pasa..., mais que agora poden mercar unha boneca Maruxa que así o neno non vai estrañar a lingua... E aos pais e nais que xa lles falan galego aos fillos ou fillas, pois nada, que me compren tamén, que son moi cariñosa e conto contos e así...

—Pois despois de escoitar as palabras da primeira boneca que fala galego, só podemos dicir que isto foi verdadeiramente alucinante... Porque ui, ui, ui, xa nos temos que ir... Así que, aburiño, Maruxa.

—Aburiño...

—E agora, amigos e amigas, un pouco de música!

Lingua galega

Propiedades

É un composto de orixe secular, da familia lingüística galego-portuguesa, derivado do latín. Ao ser humano as linguas resólvenlle as funcións comunicativas elementais. A lingua galega, ademais desa función básica, desenvolve a función de identificar culturalmente a comunidade social denominada cientificamente como Galiza. Facilita a comprensión e integración no contorno. A súa presenza potencia a creatividade, a autoestima e o progreso social. A súa administración é especialmente recomendada nos centros de ensino e lugares de ocio e tempo libre da xuventude e a infancia.

Indicacións

Trastornos de comportamento por causa da diglosia, o autoodio ou a falta de autoestima.
Trastornos por déficit de interacción coa cultura e identidade galegas.
Estados de acollida de recén chegad@s a Galiza.
Persoas con insuficiencia comunicativa.
O seu uso está especialmente indicado para persoas e colectivos que crean na xustiza social e na defensa dos dereitos básicos do ser humano.
Comeza a relacionarse o seu uso oral permanente co progreso económico do país.

Contraindicacións

Non se coñecen até o de agora.

Incompatibilidades

Problemas con pacientes con trastornos ideolóxicos, proclives á desaparición das culturas minorizadas ou indiferentes ao proceso de desgaleguización.
Recoméndase a inxesta doutros idiomas, cantos máis mellor, sen esquecer que a lingua da propia comunidade social é insubstituíbel.

Efectos secundarios

É xeralmente ben recibido desde a primeira dose.

Advertencias

Ha de comezar a utilizarse desde os primeiros días de vida para optimizar os seus beneficios.
O uso continuado conduce ao convencemento e á fidelidade na súa capacidade creativa, e en estados evolucionados pode crear un estado óptimo de monolingüismo.

Fórmula

Latín.
Linguas de substrato precelta e celta (oestrimnio, ligur...).
Linguas de superestrato: visigodo, suevo, árabe.

Excipientes

Habilidades sociais, autoestima, liberdade de expresión...

Presentación

Preséntase en formas diversas, a través de textos escritos ou de administración oral. Recoméndase a súa distribución en formatos actualizados (novas tecnoloxías, cine, *mass media*...) e o seu consumo tradicional (relacións informais, familia...).

Posoloxía

Ha de administrarse de forma diaria e continuada. Elixirase a dose segundo as necesidades persoais.

Caducidade

O propio medicamento ten unha sorprendente capacidade de rexeneración polo que NON presenta data de caducidade.

ESTE MEDICAMENTO DEBE ESTAR AO ALCANCE DOS NENOS E DAS NENAS

laboratorios sociais
de normalización lingüística

AS LINGUAS DE FUME

"Subitamente resoou, vindo do cêu, um som comparável ao de forte rajada de vento, que encheu toda a casa onde se encontravam. Viram, então, aparecer umas línguas de fogo que se iam dividindo, e pousou uma sobre cada um deles. Todos ficaram cheios do Espírito Santo e começaram a falar outras línguas". (Act. 2, 2-4)

—Era un bo tipo, eh?

—Era único...

—Puff, era un cacho de pan...

—Veña, este vai por Suso, pobre Suso... Quen ten lume?

—Toma...

—Sssshhh, ummm, que rico, a ver..., ssssshhh... As-salaam-alaykum, ostia!, colegas, que sei falar árabe, tíos, así, de repente, que pasada!

—O que, ho, a ver.., pasa, ummm, sssssssh, ordiá, el dao del ewi zhen hao, que flipe, e eu chinés, sei falar chinés!, colegas... Toma, Andrés, proba ti...

—Ei, meus, eu tamén, escoitade: is maith liom, é irlandés, e significa mola, isto mola, tíos, que delirio, sei irlandés...

—Pasa, pasa...

—Aí vai, Santi...

—Olalá, escoitádeme, silvuplé, que eu sei francés, voulez-vous coucher avec moi?, mon dieu!

—Eh, que eu tamén quero...

—Vai...

—Si, si, é certo, fiuuu, Mnye ponravilas tak ulibka... Ruso! A ver o seguinte... Praaato...!

—Pum!

—Toma.

—Ummm... Arigatou!, Kimi wa idaina yuujin desu, ups, falo xaponés, colegas... Eh, Paulo, a ver ti?

—Dzieki! Chcesz ze mna spac?, po... po... polaco...!, guai, guai, que non pare, tíos, que paranoia, eh?, que rule, que rule...

Ευχαριστω, upa, eu falo grego, tíos, falo grego, que carallo fago eu falando grego?, tíos...

—Marcos, que eu tamén quero... Grazie, uffffff, sssshhh, ostia, que eu..., io parlo italiano, amici, aí vai, hips, toma...

—Eskerrik asko, que flipe, eu falo euskera, así, de golpe, mirade que acento teño...

—A ver eu...

—Aí vai, Mateo...

—Mamallá!, allichu, qhuichwa shimi, tíos, falo quechua, isto é alucinante... A ver, oooonce!

—Bingo! Tocoume. Pasa. Ummmm, ssssshhhh. Ei, thank you, I love you, oh, my god!, que eu por fin sei falar inglés, mecagoen..., que fuking carallo está pasando aquí?

—Quen ostias che pasou esta maría, Pedro?

—Pasouma Suso, deixouma antes de..., en fin, que flipe... Mecagho na maría de cristo, é moito, é demasiado, tíos, Susiño tiña a mellor maría da redonda...

—Que chungo, eu vou deixalo, tíos, eu paso de malos rollos, déixoo xa, this is the end, finish, stop, bay bay, the end, tíos. Mecago no Suso do carallo, a merda que nos meteu!

—Era único, colegas...

—Era o mellor...

—Era do que non hai...

O HOME QUE AGARDABA QUE LLE DIXESEN O QUE TIÑA QUE FACER

Gustaba de ollar a roupa secando no tendal e esperaba todo o día o momento en que alguén viñese recollela e a levase polo camiño do río. Despois ou agardaba que o collese o frío ou alguén que lle dixese Vaiche vir a noite se non volves á casa. E poñíase a andar polo camiño dos prados devagar mirando o chan. Era o home que esperaba que lle dixesen o que tiña que facer. Non ten ningunha iniciativa, dicían os veciños. É unha pena, dicían as veciñas.

Un día alguén lle dixo Deberías ler novelas para pasar o tempo. E pasou dous anos sen saír apenas da casa máis que para ir buscalas á biblioteca. Un día chegou a pensar durante uns segundos que lle gustaría escribir unha novela como aquelas, mais foille imposíbel decidir por que palabra empezar.

Alguén lle dixo outro día Deberías pintar a casa, e o home que nunca decidía pintou a casa. Primeiro preguntoulle ao veciño Cal é o teu pintor favorito? E logo pintou toda a casa como un cadro de Chagall.

Cando ninguén lle dicía que facer, prendía a televisión e non facía nada. Ría se rían, choraba se choraban. E cando lle doía a cabeza, durmía.

Sempre estaba de acordo con todo o mundo e dubidaba cando a xente dubidaba. Non sei que facer hoxe, dicíalle ao primeiro que pasaba. Merca un porco, dicíanlle. Claro, dicía el. Fai unha viaxe en autobús. Claro, claro. Deberías volver ao teu país, parece que o fas de menos. Claro, claro, claro. Tiñas que coñecer unha muller. Ahá, pensaba.

Ola, gustaríame coñecerte, díxolle á primeira muller que pasou ao seu lado. Pois eu chámome Lucía. Ola, Lucía, encantado de coñecerte, bos días, díxolle e quedou ollando para ela. Ela díxolle Que miras? E el díxolle É que agora non sei que facer. E Lucía díxolle Pois podías dicirme como te chamas, mirar pasar os barcos e presentarte a alcalde.

El fixo as tres cousas.

Como alcalde fixo unha boa xestión. Dimitiu o primeiro día. Antes reuniu todos os veciños e veciñas e díxolles Que queredes que faga?

A veciñanza primeiro abriu moito a boca e, despois de varias horas discutindo, decidiu catro cousas:

1. Que había que poñer tres farois.
2. Mercar un cabalo para pasear os meniños os martes.
3. Montar unha fábrica de marrón glacé.
4. E que o alcalde dimitise para seguir decidindo entre todos e todas.

Despois dos aplausos Lucía achegóuselle e díxolle no ouvido Agora deberías tirar a tele pola xanela e aprender a saber o que queres facer.

Foi pouco a pouco e complicado, mais despois de varios meses comezou a descubrir o que quería. Ao primeiro ás veces equivocábase, como aquel día que prendeu todas as luces de día. Ou facía cousas aparentemente sen sentido, como aquel outro que meteu o tractor na igrexa. E ás veces dubidaba, como todo o mundo. Mais un día decidiu mercar dúas culleres; outro día, chiscarllle un ollo a Lucía; outro, construír un telescopio e ao final, ao final acabou escribindo novelas.

A PRAIA DOS OURIZOS CACHO

Nunca escribirei o seu nome porque nomear un segredo pode destruílo.

Nunca direi onde está nin como chegar á praia dos ourizos cacho.

Semella unha praia como outra calquera das máis de seis mil praias do meu país.

Chégase por un camiño de terra e pedras entre fieitos e leiras de patacas.

E xusto ao pé da praia a corredoira cruza un canaval.

Polo lado esquerdo mirando o mar baixa un regato no que se esconden anguías pequenas debaixo das pedras redondas.

Moi lonxe está a primeira aldea, e a primeira vila máis alá do horizonte.

Na praia dos ourizos, cando comeza a medrar a noite e baixa a marea e se ve redonda a lúa, sucede algo alucinante.

É máis doado imaxinar o que nunca se chegará a ver.

Imaxinade, pois, ducias de ourizos cacho saíndo dos prados entre o anís e o loureiro, entre as canas e a herba, entre os fieitos e as silvas con amoras.

E a sombra da lúa pousar nos seus lombos de espiñas.

Entón a praia énchese de ourizos cacho silandeiros que se moven amodiño como a marea.

Din que un ourizo cacheiro sae do tobo cando alguén comeza a soñar.

Veñen á praia comer as pulgas do mar que saltan a millóns na area.

Eu imaxino que na praia se reúnen os soños de moita xente.

Unha noite quixen contalos e non me chegaron os números.

Ás veces conduzo cara á praia dos ourizos cacho.

Sento na toalla e agardo que a xente comece a soñar.

Os ourizos buligan arredor miña e óllanme como se eu non fose alguén.

Ás veces dígolles Ola, como vai a vida.

Cando a xente comeza a espertar, os ourizos marchan da praia.

Din que cando alguén deixa de soñar un ourizo entra no seu tobo.

A calor do sol espértame e abro os ollos e a praia dos ourizos volve ser como calquera outra praia.

Porque a praia dos ourizos cacho pode ser calquera das seis mil praias do meu país.

Cando conduzo de volta á casa, ás veces vexo algún ourizo cacho esmagado no asfalto.

Algúns queren vir comigo no meu espello retrovisor.

Sei onde acaban os soños dalgunha xente.

Eu teño que seguir adiante.

ÁS VECES SINTO QUE NO MEU PAÍS FALTAN PALABRAS

Sinto que cando a muller da floristería
non me fala na miña lingua
desaparece un prado de pensamentos azuis,
que cando no taller de chapa e pintura
non falan a miña lingua
se oxida algo por dentro miña,
que perdo cartos
cando no banco non me atenden no meu idioma.
E cando abro os xornais
e a miña lingua só aparece debaixo das pedras,
é como se o meu país fose outro.

Ás veces cando estou no autobús
e non escoito a ninguén falando a miña lingua,
fecho e abro os ollos para ver se estou soñando.
E cando no medio dunha praza escoito un neno
ou unha nena que fala coma min,
teño ganas de abrazala,
de protexela de todo o que está a suceder
antes de que sexa demasiado tarde.

Ás veces sinto que no meu país faltan palabras,
que desaparecen día a día,
que hai xente que as abandona
e xente que as esconde
e sinto que pouco a pouco
o meu país vai facéndose máis pequeno
e que somos menos porque hai menos palabras.

No meu país hai moita xente
buscando
as palabras que nos faltan.
Buscamos debaixo das pedras,
nos xornais
ou nos nenos e nenas que agardan o autobús,
palabras que ás veces aparecen
e outras se perderon para sempre.

Gustaríame que atopásedes as miñas palabras
como eu necesito as vosas.

O PARACAÍDAS

Esta xente é unha xente ben rara. Hai unha que di que é a miña filla e logo está un barbudo gordecho que di que é o meu xenro e logo tres ou catro persoas máis pequenas que deben de ser os seus fillos. Digo que son tres ou catro porque eu non ando ben da memoria e sempre se me deu mal calcular, así que polo que parece esta é a miña familia e esta será a súa casa. A súa casa mais ben é un piso. Aquí arriba chégase nun ascensor co espello máis grande que vin na vida. Nunca pasei tanto medo como dentro dese caixón, que marchou a luz e parou aquilo e pensei que me chegaba o día, que diso ben me acordo. Se miro polo cristal do meu cuarto, non vexo máis que tellados e pararraios e máis tellados.

E aquí estou a vivir con esta xente, que disque son os meus. Eu desconfiei deles desde o principio porque veña a dicir que son a miña familia e, para empezar, xa nin falan como falo eu. Eu falo como sempre falei, como fala a xente, como son eu, así, e xa desde o primeiro día colle a pequena, que non debe de ter nin cinco anos e dime: Y por que hablas así, abuelita, por que non hablas bien. Que abuelita e que ghato morto, e que carallo vai ser esta a miña familia, que parece que andan todo o día con papas na boca.

Porque eu saber sei unha cousa, que antes de que me trouxesen aquí nese ascensor do demo onde eu vivía todos falaban coma min, que tampouco o recordo ben, pero falar eu sempre falei así, que non o inventei para levar a contraria. Que mesmo cheguei a pensar que me secuestraran e que me levaran a outro país.

Se non fose porque me dan ben de comer, que plátanos téñoos cando os pido e aínda tamén me reparten unha chea de bicos a todas horas, que cariñosos si que son, e xente educada, que non me din unha palabra máis alta que a outra, pois así, que se non fose porque vou tirando e se non lle tivese medo, aínda sacaba forzas para coller o ascensor de volta e ir buscar alguén con que falar.

Pero claro, chega a outra rapariga, a que ten unha arandela no narís, a Chenifer esa, mira ti que nome, e dime: Es que yo no te sé hablar como tú, que me da corte. E claro, escapóuseme: Carallo, nena, nin que fose tan difícil, que eu levo toda a vida e mais nunca se me trabou a lingua.

Porque eu perder perdín ben de memoria, que seica ma roubou un alemán. Pero as palabras, as palabras aínda seguen aquí, na cabesiña, que ás veces teño que buscalas ben e remexer nelas, que algunhas son moi túzaras e agáchanse como toupas, e outras hai que acariñalas para que vaian saíndo amodiño, todo por culpa da memoria. Pero o que é falar, falar eu falo como sempre falei, que non estou no estranxeiro.

Vale, o certo é que falar falo cada vez menos, que andan todos preocupados porque non lles digo nada, pero é que tamen é que non teño con quen falar ao xeito. E dáme a impresión de que ninguén me comprende e síntome soa.

Por iso pensei no do paracaídas. E ando a ver se os convenzo: Que eu quero un paracaídas, traédeme un paracaídas ou non como, traédeme un paracaídas que non tomo as medicinas.

E cando me traian o paracaídas bótome da cornixa para abaixo, que eu no ascensor non volvo subir. Collo o paracaídas, marcho desta casa e malo será non caer onde a xente fale normal.

ESTOU CONTIGO

Supoño que todo tería sido diferente se aos dezaseis anos non decidise achegarme a ti. Non se trata de saber exactamente por que senón de recordar que un día descubrín que non podía seguir vivindo sen estar contigo.

Era como se te vise en todas partes e ao mesmo tempo estabas tan lonxe... E iso que sempre estiveches aí, realmente, ao alcance da man, como esperándome. E só tiven que dar un paso.

Ao principio era estraño algunhas veces. Aínda que hoxe descubro en ti cousas novas todos os días, daquela coñecíate pouco.

Lembras cando aquela profe de inglés me dixo que non eras unha boa compañía? Ou cando meu pai puxo aquela cara de pensar preocupado "Pois parece que isto vai en serio"?

Nin sequera podo imaxinar como tería sido eu se non decidise que ti formarías parte da miña vida. Tampouco se trata de se tería sido mellor ou peor senón de que sería sinxelamente diferente e é precisamente iso o que me resulta difícil imaxinar: vivir sen ti.

O que teño claro é que se decidín facelo foi porque me parecías interesante, porque contigo me sentía ben, porque me facías descubrir cousas, porque confiaba en ti e me dabas confianza e sabía que ti sentías o mesmo por min. E porque cando me dei conta souben que xa non era posíbel vivir sen estarmos xuntos. Que nos necesitabamos.

É curioso. Lembro como se sorprendía a xente que me coñecía cando comezou a vernos xuntos. Sorprendíanse porque estaba contigo, como se estivese facendo algo inesperado ou estraño. Ou prohibido. Parecían non comprendelo.

Non te coñecían o suficiente. Aínda que sempre lles gustaches máis ou menos, non confiaban en ti. Con ela non vas chegar a ningún lado, dicían.

Pouco a pouco foron acostumándose e cambiando de opinión a medida que viron que o noso ía para adiante. Demostrámoslles que se equivocaban e iso estivo ben.

Así que a miña vida correu por ese camiño contigo e foime ben e mal como a todo o mundo que ten sombra e respira: acabar os estudos, o paro, o primeiro traballo e, en fin, o resto das cousas que vivimos xuntos sabendo que o noso era para sempre.

Quería reflexionar un pouco sobre todo isto e recordar que decidir vivir contigo foi unha das mellores eleccións da miña vida.

Quería dicircho sinceramente: Cambiaches a miña vida e déboche tantas cousas...

Quería dicirche Grazas.

E quería dicirche que estou contigo, miña lingua.

ÍNDICE

Este libro,
MADE IN GALIZA
de *Séchu Sende,*
rematouse de imprentar en
Obradoiro Gráfico, S. L.,
o día 25 de abril de 2019.